Passt Du zu Mir?

Passt Du zu Mir?

Wie wir swipen lernen, ohne uns zu verletzen

BY

KURT GASSNER

My-mindguide.com

Passt Du zu Mir?
Kurt Gassner

Impressum
My-mindguide – The publishing trademarke of trendguide
Capital GmbH, Klenzestr. 42a, 80469 Munich, Germany.

Reg. Nr. HRB Munich 206639, VAT 152 123 159, CEO:
Kurt Friedrich Gassner
Web: www.my-mindguide.com, mail:
``gassner@my-mindguide.com

Paperback ISBN: 978-3-949978-27-2
Ebook ISBN: 978-3-949978-29-6
Hardback ISBN: 978-3-949978-28-9

Immer wieder Frösche küssen zu müssen, ohne dass sich einer davon als Prinz entpuppt, kann ganz schön frustrierend und mit viel Herzschmerz und Resignation verbunden sein. Die gute Nachricht lautet: Es besteht Hoffnung! Mit dem richtigen Mindset und unter Anwendung einiger wertvoller Tipps kannst du die Spreu vom Weizen trennen und schnell den passenden Wunschpartner finden. Damit ersparst du dir nicht nur jede Menge Zeit und schmerzhafte Erfahrungen, sondern lernst auch noch etwas über dich selbst.

Entlang dieses Weges wartet nicht nur ein erfüllteres Leben auf dich, sondern vielleicht sogar dein persönlicher Seelenverwandter - ein ganz besonderer Mensch, der deine Liebe auch verdient!

Dieses Selbsthilfebuch wird dir die Navigation durch den undurchdringlichen Dschungel des Online-Datings erheblich erleichtern. . Auf den folgenden Seiten liest du nicht nur von den Erfahrungen verschiedener Frauen, sondern lernst, wie du deren Fehler vermeiden kannst. Damit kann dir dieses Trainingsbuch von unschätzbarem Wert dabei sein, wenn es darum geht, Achtsamkeit, Liebe, Selbstfindung und in letzter Konsequenz - wahres Glück zu finden!

INHALT

EINLEITUNG

„Zugegeben, ich habe zu viele Frösche geküsst, um sie noch zählen zu können, aber ich habe die Suche nach meinem Traumprinzen nicht aufgegeben."

Falls dir diese Aussage irgendwie bekannt vorkommt, dann ist es an der Zeit, die Dinge aus einer neuen Perspektive zu betrachten und herauszufinden, was du verändern kannst, um deinen Traum in Erfüllung gehen zu lassen.

Bei den Recherchen für dieses Buch habe ich viele faszinierende Frauen kennenlernen dürfen, die alle ähnliche Erfahrungen wie du machen mussten.

Ich nahm dann die Vorgehensweise der Männerwelt unter die Lupe und bin unter Zuhilfenahme moderner Psychologie und weiteren Recherchen zu verblüffenden Erkenntnissen gekommen.

Nun ist es an der Zeit, dir zu verraten, welche Schlüsse ich daraus ziehen konnte und wie du dieses Wissen für dich nutzen kannst, um deinem Leben eine völlig neue Richtung zu geben.

Im Jahr 2022 haben allein in den USA über 53 Millionen Menschen angegeben, Online-Dating zu betreiben. 32% aller erwachsenen Männer und 28% aller erwachsenen Frauen gaben an, in der Vergangenheit mindestens einmal Online-Dating genutzt zu haben. Wir können davon ausgehen, dass sich diese Zahlen auf die gesamte westliche Welt übertragen lassen. Trotzdem haben die meisten dieser Menschen keine Vorstellung davon, worauf es beim Online-Dating (oder generell bei der Partnersuche) wirklich ankommt, was zu Frustration und schmerzhaften Erfahrungen führt. Beim Online-Dating gibt es eine Fülle an Informationen, vor allem in Bezug auf die Erstellung eines attraktiven Profils. Für viele Frauen führte dies jedoch bestenfalls zu unbefriedigenden Kurzzeitbeziehungen, was ihnen das Gefühl gibt, dass ihr Traumprinz entweder nicht existiert oder aber unerreichbar ist.

Allzu oft gibt es hochintelligente, attraktive und beruflich erfolgreiche Frauen, die unglaublich viel zu bieten haben, doch sie spielen genau den falschen Männern in die Hände. Männer, die genau wissen, wie sie sich Frauen gegenüber präsentieren müssen, um ihre wahren Absichten zu verbergen. Gelingt es dir nicht, diese Sorte Männer vorab zu erkennen, führt das zu schmerzhaften Erfahrungen, gescheiterten Beziehungen und einem Gefühl der Hoffnungslosigkeit in Bezug auf Online-Dating.

In diesem Buch lernst du, wie du dein erstes Date genießen kannst - egal, ob er der Richtige ist oder nicht. Du lernst, wie du das Beste aus einer neuen Bekanntschaft machst, ohne deine Zeit zu verschwenden. Und das Wichtigste: Du wirst lernen, das gegenseitige Kennenlernen ohne Druck zu genießen - denn wenn du bestimmte Warnsignale erkennen und richtig deuten kannst, wirst du eine Menge unnötigen Schmerz und Leid von vornherein vermeiden.

Wie die meisten Dinge im Leben kann auch die Partnersuche als Spiel betrachtet werden. In diesem Spiel gibt es einen Algorithmus, der diejenigen begünstigt, die das Spiel besser verstehen als andere. Frauen, die intuitiv die richtige Strategie wählen und danach handeln, werden ihr Ziel erreichen - den Mann ihrer Träume zu finden! Manche haben das Glück, ihre wahre Liebe gleich beim ersten Versuch zu treffen, aber bei der Mehrheit ist das natürlich nicht der Fall. Dieses Buch ist für die Frauen bestimmt, die es immer wieder versucht haben, ohne das Glück auf ihrer Seite gehabt zu haben.

Es ist für diejenigen unter euch bestimmt, die das Gefühl haben, schon viel zu viele Nieten gezogen zu haben und die nicht mehr daran glauben, dass noch Hoffnung auf den Hauptgewinn besteht. Doch eines kann ich dir garantieren - egal, wie negativ deine Erfahrungen waren oder wie hoffnungslos die Lage auch scheint - auch auf dich wartet ein Seelenverwandter, den es zu finden gilt.

Lerne dabei von den Frauen, von denen du im Laufe der folgenden Seiten lesen wirst! In diesem Buch erfährst du von den Geschichten derjenigen, die durch ihre Erfahrungen beim Online-Dating verletzt wurden und sich nun dazu entschlossen haben, eine Veränderung herbeizuführen. Du wirst Einblicke in das Leben von Frauen erhalten, die all das überstanden haben, was auch du durchmachst. Ich wette, du bist neugierig - vielleicht sogar ein bisschen nervös und zweifelst daran, ob das wirklich wahr sein kann.

Vielleicht bist du unsicher, wie du dich in der Online-Dating-Szene richtig positionieren sollst, um die bestmöglichen

Ergebnisse zu erzielen. Falls dies der Fall ist, brauchst du dir keine Sorgen zu machen, denn all das wird auf den folgenden Seiten dieses Buches behandelt. Die Erfahrungen all dieser Frauen werden dir beweisen, dass deine negativen Erfahrungen beileibe nicht einmalig sind. Diese Menschen verstehen deinen Schmerz, deinen Kummer und deine Hoffnungslosigkeit und äußern sich hier, um dich daran zu erinnern, dass du eine fantastische Frau bist! Eine Frau, welche die Liebe finden wird, die sie verdient! Wir beschäftigen uns damit, was funktioniert und was nicht, und wir betrachten die jeweiligen Aspekte sowohl aus der Perspektive der Frau, als auch aus der des Mannes.

Mit diesem Buch werde ich dir den Weg zu Glück, Erfolg und Liebe weisen. Dinge, die natürlich in der Wahrnehmung eines jeden Menschen etwas variieren können, doch im Großen und Ganzen für jeden wichtig sind. Fangen wir also an!

The Ice Mountain

Mind Model

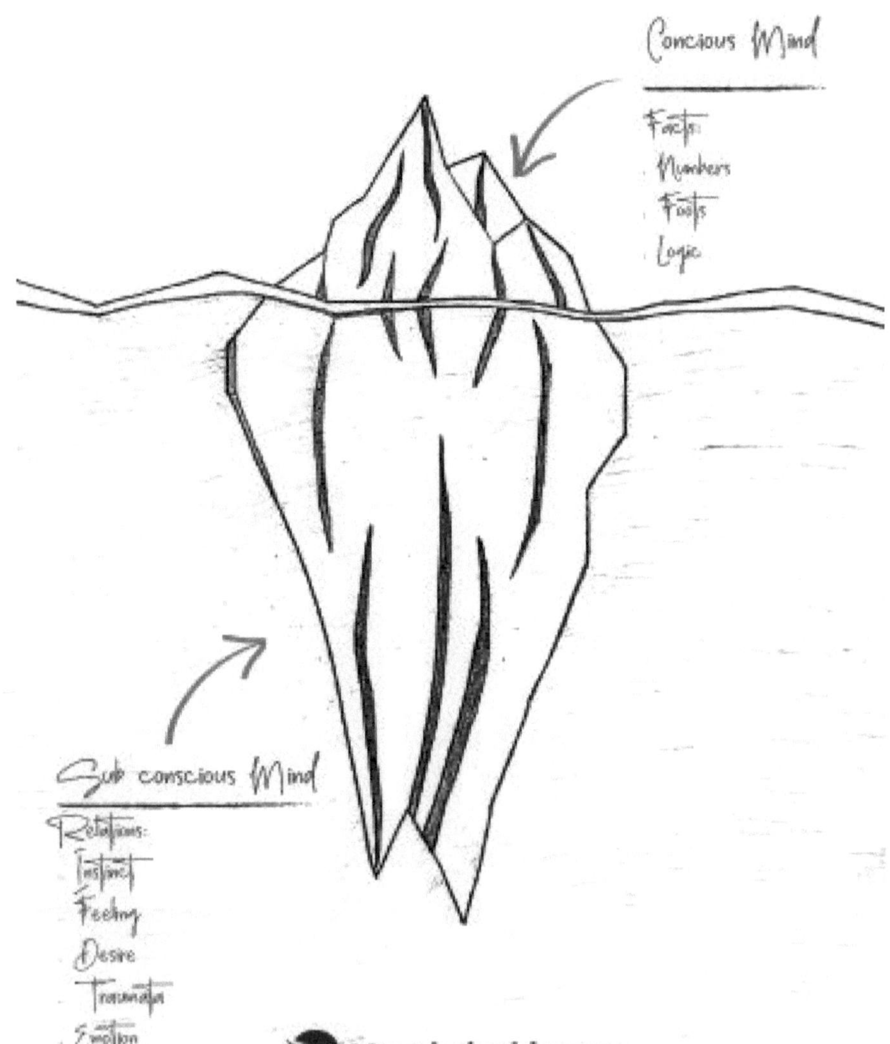

NICHTS IST WIE ES SCHEINT: DIE GRAUSAME REALITÄT DES ONLINE-DATINGS. DIE GESCHICHTE VON CAMILLA, DER TOCHTER EINES FREUNDES

Wenn wir als Väter zusammenkommen, können wir nicht anders, als die Erfolgsgeschichten unserer Kinder zu teilen, doch nicht selten müssen wir einander auch von den Kämpfen, dem Leid und dem Herzschmerz unserer Kinder berichten. Als gute Väter suchen wir in diesen Gesprächen natürlich nach einer Lösung, die unseren Kindern dabei hilft, die Hindernisse zu überwinden, die ihnen im Weg stehen. Das gilt besonders für unsere Töchter, denn viele Väter glauben, dass unsere Töchter ganz besonders viel Liebe und Schutz benötigen.

Damit wären wir bei Camilla, der Tochter meines Freundes. Camilla ist eine bezaubernde, großgewachsene Dame mit haselnussbraunen Augen und wunderschönen kastanienbraunen Haaren. Sie ist intelligent, gut ausgebildet und hat ihr eigenes florierendes Unternehmen gegründet. Camillas Eltern sind also zurecht verdammt stolz auf sie.

Camilla besuchte ein Internat in England, schloss mit einem exzellenten Notendurchschnitt ab und absolvierte ihren Bachelor-Abschluss an der Harvard University, einer der renommiertesten Universitäten der Welt. Später machte sie ihren Master in Molekularbiologie. Sie hat also eine wahrhaft beeindruckende Erfolgsbilanz vorzuweisen, wenn du mich fragst. Ihre Karriere war gut geplant. Sie war ein junges, aufstrebendes Talent, das bei den besten Unternehmen angestellt war und bereits in ihren ersten Berufsjahren aufstieg. Man könnte also mit Fug und Recht behaupten, dass es nicht nur gut für sie lief, sondern herausragend gut.

Als Camilla ihr eigenes Unternehmen gründete, erhielt sie Kapital von Starinvestoren. Sie entwickelte eine App, mit deren Hilfe ein Arzt online medizinische Diagnosen und Behandlungen durchführen kann. Dies erfolgt mit Hilfe von künstlicher Intelligenz, einer Kombination aus Technologie und Medizin. Ihr Business macht einen äußerst vielversprechenden Eindruck.

Wir haben uns also hingesetzt und uns, als Väter, gefragt, warum es für sie so schwierig war, den richtigen Partner zu finden.

Natürlich fühlt sich die Männerwelt zu Camilla hingezogen, und sobald sie den Raum betritt, erntet sie bewundernde Blicke. Sie hat viele Freunde, ist unterhaltsam, empathisch und unglaublich charmant. Die Frage „Wie ist das möglich?" hörte ich von ihrem Vater verständlicherweise mehr als einmal.

Camillas Vater riet ihr, es mit Online-Dating zu probieren, um zu testen, ob sie dadurch bessere Chancen hat, die wahre Liebe zu finden. Ein ganzes Jahr lang verbrachte Camilla damit, nach links und rechts zu wischen, ohne dass ihr Traumprinz auftauchte.

Zahlreiche negative Bekanntschaften und Erfahrungen prägten das Bild, so dass Camilla nicht nur verletzt, sondern infolgedessen auch immer unsicherer wurde. Ihr Vater macht sich große Sorgen um seine Tochter. Für eine leidenschaftliche Frau, die alle Aspekte des Lebens mit vollem Herzblut angeht, ist das Verletzungsrisiko besonders hoch.

Und so fing Camilla an, ihren Selbstwert anzuzweifeln und sich dabei auch noch Fragen wie *„Ist für mich der Zug abgefahren!?"* oder *„Stimmt etwas nicht mit mir?"* zu stellen.

Keiner der Männer, die sie bisher online kennenlernte, entsprach den Ansprüchen. Darunter waren:

- Der Leistungsverweigerer
- Der Sauberkeitsfanatiker
- Der nicht Gesellschaftstaugliche
- Der Geizige
- Der Antriebslose
- Der Bindungsunfähige

Ihr Vater konnte, so sehr er sich auch bemühte, die Problemursache nicht ausfindig machen. Ähnelt deine Geschichte der von Camilla? Hast du dieselben Erfahrungen gemacht? Bist du eine Elite-Frau, welche die falschen Männer anzieht? Oder solche, die nicht deinen Wunschkriterien entsprechen?

Vermutlich ist dir der folgende Typus begegnet:
- Männer, die nicht halten, was sie versprechen
- Männer, die nie erwachsen geworden sind und/oder sich nur schwer binden können
- Männer, die in keiner Weise dem Ideal deiner Träume nahe kommen

Frustrierend, oder? Doch lass mich dir sagen, woran das liegen könnte. Es ist wenig überraschend, dass man Ellenbogen braucht, um groß rauszukommen - vor allem als Frau. Es bedeutet harte Arbeit, sich durchzusetzen und erfolgreich zu sein. Doch all das führt dazu, dass viele Männer annehmen, dass innovative und erfolgreiche Frauen niemanden brauchen, der sich um sie kümmert, da sie kompetent genug sind, um für sich selbst zu sorgen.

Was viele Männer dabei jedoch nicht bedenken, ist, dass erfolgreiche Frauen es dennoch zu schätzen wissen, wenn man sich um sie kümmert, auch wenn sie in der Lage sind, sich unabhängig durchs Leben zu bewegen. Die Gesellschaft, die ein Mann ihnen bieten kann, ist vielleicht nicht lebensnotwendig, aber sie verbessert die Lebensqualität. Auch Powerfrauen sind letztendlich nur Menschen, das heißt, sie sind verletzlich und wünschen sich emotionale Bindungen, genau wie alle anderen auch.

Manchmal spielt auch der Wohnort eine Rolle bei der Partnersuche. Könnte die Stadt Wien, Camillas Wahlheimat zu ihrem Problem beitragen? Auch heute spielen Klischees in

Bezug auf die Herkunft in vielen Köpfen noch eine wichtige Rolle. Wir können also nicht gänzlich ausschließen, dass der Standort ein Faktor ist, der Camilla beim Online-Dating vor Herausforderungen stellt. Der Standort ist ein relevanter Faktor bei der Partnersuche.

Bevor wir uns jedoch damit auseinandersetzen, worauf es beim Online-Dating ankommt, sollten wir *mit dir* anfangen.

Wie wir bereits festgestellt haben, kann Online-Dating also für reichlich Frustration sorgen. Dies gilt insbesondere dann, wenn du ständig Männer kennenlernst, die nicht deinen Kriterien entsprechen. Um das zu vermeiden und zu wissen, was du wirklich willst und brauchst, musst du mit dir selbst im Reinen sein. Doch wie stellst du das an?

Auf dem Weg zu diesem Ziel gibt es ein paar wesentliche Aspekte zu beachten:
- **Deine Identität**
- **Deine Wünsche & Träume**
- **Gesunde Selbstfürsorge**
- **Ein starkes Mindset**

Deine Identität
Wie jeder andere Mensch solltest auch du Gewissheit darüber haben, wer du bist, wofür du stehst und was du tun kannst, um ein authentisches Selbst zu verwirklichen.

Dies zu wissen und danach zu leben, macht dich unabhängig - speziell von den Ansichten anderer über dich und damit auch von von Aussagen, die sie über dich tätigen. Selbstfindung führt zu Selbsterkenntnis und damit letztlich zu einem höheren Selbstwertgefühl. Du weißt, wofür du im Leben stehst, du hast ein Gefühl für deine Mission und lernst zu erkennen, was du zu tolerieren bereit bist und was nicht. Um dein volles Potenzial im Leben auszuschöpfen, musst du dich selbst in- und auswendig kennen! Auch um authentisch zu sein, musst du dich selbst kennen. Nur dann kannst du den Mann finden, der zu dir passt und den du dir wünschst.

Du musst dir ganz besonders bewusstwerden, was mit deinem Innersten vereinbar ist. Eine tiefe Selbsterkenntnis ermöglicht es dir, deine Stärken und Schwächen klar zu definieren. Sobald du diese erkannt hast, kannst du an den Bereichen arbeiten, die du verbessern willst.

Schließlich wird es dir gelingen, deine Gefühle, Wünsche und Fähigkeiten besser zu verstehen und damit auch bessere Entscheidungen in Bezug auf dein Beziehungsleben zu treffen. Du kannst dann besser abschätzen, bei welchen Aspekten Kompromisse möglich sind, und welche einen unantastbaren Stellenwert für dich haben sollten. So kannst du die Frösche ohne größere Schwierigkeiten von den Prinzen trennen.

Wenn du dich also fragst, was du tun musst, um dich selbst besser zu verstehen, habe ich die Antwort für dich: Bevor du dich auf die Reise zur Selbstwertschätzung begeben kannst, musst du dich zuerst einmal auf die zur Selbsterkenntnis aufmachen.

Dich selbst kennenzulernen ist keine Aufgabe, die du an einem einzigen Tag erledigen kannst - eigentlich ist dies sogar ein niemals wirklich endender Prozess. Es ist eine Entwicklung, die du mit deinem Körper und deinem Geist gleichermaßen sukzessive durchlaufen musst. Veränderung ist ein unaufhörliches Phänomen und der Weg ist gewissermaßen das Ziel. Wenn du also lernst, dich selbst zu ändern, wird dies zu einer lebenslangen Entdeckungsreise.

Zugegeben, dich selbst kennenzulernen ist weder einfach noch unkompliziert, aber es lohnt sich!

Jeder Mensch entdeckt sich und sein Innerstes auf unterschiedliche Weise, so dass es kein Patentrezept auf dem Weg zum Erfolg gibt.

Wenn du jedoch die Anfangsphase der Selbstentdeckung erst einmal gemeistert hast, bist du schon einen guten Schritt weiter. Du hast dann das Konzept der Selbstfürsorge verinnerlicht. Du hast gelernt, dich auf dich selbst zu konzentrieren, mit deinem Innersten zu kommunizieren, Gefühle zuzulassen, charakterlich zu wachsen, dich zu loben, deine Motivationen zu verstehen und vieles mehr. Du merkst schon, die Liste ist lang. Das Wichtigste ist jedoch: Du hast gelernt, deine (Selbst) erkenntnis zielführend einzusetzen!

Im Folgenden findest du 25 Fragen, die du dir während der Reise zur Selbstfindung stellen solltest. Notiere dir die Antworten auf jede Frage sorgfältig, denn das wird dir mehr Klarheit verschaffen!

Und hier sind sie:

1. Wie sieht ein typischer Tag für dich aus? Wie würdest du diesen beschreiben? Und was geschieht an einem für dich perfekten Tag?

2. Was wolltest mal werden, als du ein Kind warst?

3. Wer inspiriert dich am meisten? Wodurch inspirieren diese Menschen dich?

4. Welche Person würdest du am Liebsten einmal kennenlernen? Was würdest du sie fragen, wenn du die Gelegenheit hättest?

5. Mit welcher Gewohnheit würdest du am liebsten brechen? Und welche Praktik würdest du stattdessen beginnen? Welche Bereiche deines Lebens würden sich hierdurch verbessern?

6. Denke an eine Person, die du wirklich bewunderst! Welche Eigenschaften magst du an dieser Person? Würdest du gerne ähnliche Eigenschafte haben?

7. Wie entspannst du dich am liebsten? Was machst du in deiner Freizeit? Gibt es da etwas, was du besonders gern tun würdest, aber noch nicht umgesetzt hast?

8. Wann hast du das letzte Mal etwas gewagt, wovor du Angst hattest? Wie wagemutig bist du? Würdest du gern diese dich limitierenden Ängste loswerden?

9. Worauf bist du am meisten stolz? Auf dich selbst? Auf deine Herkunft, deine Familie, deinen Körper oder auf deine großen und kleinen Leistungen im Allgemeinen?

10. Wovor fürchtest du dich am meisten?

11. Was würdest du bedauern, nicht getan zu haben, falls dein Leben heute zu Ende ginge?

12. Mit wem würdest du gern eine Verbindung herstellen (oder reaktivieren)? Und warum?

13. Welche Eigenschaften bewunderst du an anderen? Welche Eigenschaft zieht dich am meisten an?

14. Welche praktischen Fähigkeiten würdest du gerne haben?

15. Stell dir vor, du wärst bereits über 80 Jahre alt. Welche Erinnerungen würdest du gerne haben? Welche Geschichten würdest du gerne erzählen können? Wovon möchtest du umgeben sein?

16. Welches ist dein Lieblingsbuch? Dein liebster Film oder dein Lieblingslied? Und warum?

17. Wenn du etwas in der Welt verändern könntest, was wäre das? Und warum?

18. Was tust du gerne für andere, oder was gibst du gern weiter? Denke dabei nicht an einen Gegenstand, sondern an etwas, das dich persönlich betrifft.

19. Was erregt dich? Was raubt dir den Atem?

20. Was würdest du gerne öfter tun?

21. Wenn du nicht auf Geld achten müsstest, was würdest du dann unternehmen wollen?

22. In welchem Bereich deines Lebens fühlst du dich im Moment am wohlsten? Welcher Aspekt führt zu negativen Gedanken? Warum? Wie würdest du diese Aspekte verändern wollen?

23. Denken wir ein Jahr in die Zukunft! Was hättest du gerne im vergangenen Jahr umgesetzt?

24. Welchen Ratschlag würdest du deinem fünfjährigen Ich geben? Deinem sechzehnjährigen Ich? Deinem einundzwanzigjährigen Ich? In genau diesem Moment?

25. Wie möchtest du in Erinnerung behalten werden? Wie würde dein Nachruf aussehen? Schreib ihn nieder!

Die Bestimmung deiner Träume und Wünsche wird einfacher, wenn du Antworten auf die oben gestellten Fragen findest. Tauchen wir nun im Folgenden etwas tiefer in die Materie ein.

Träume und Wünsche?

Ein Traum ist ein langfristiges Ziel, dem du entgegenstrebst. Etwas, das dich antreibt und motiviert. Ein Traum verleiht dir die Leidenschaft und die Kraft, um im Leben voranzukommen.

Ein Wunsch ist ein Verlangen oder die Hoffnung auf etwas, das wir nicht aktiv verfolgen. Wenn du dir etwas wünschst, wartest du also einfach darauf, dass es eintritt.

Wenn es um die Thematik der Partnersuche geht, sind die Menschen leider nicht aufrichtig. Stattdessen erklären sie den Fake zur Realität. Online präsentiert jeder seine Schokoladenseiten, doch die Realität wird dem nur selten gerecht.

Die Konsequenz ist, dass niemand gewillt ist, verwundbar zu sein oder sich richtig zu öffnen. Lügen, Vorwände und geschönte Versionen ihrer Selbst prägen das Bild vieler Online-Profile. Das ist etwas, das du beim Online-Dating bedenken musst.

Wenn du als Frau beim Online-Dating erfolgreich sein willst, musst du dich eventuell verstellen, doch irgendwann folgt unweigerlich der Zeitpunkt, an dem du aus der Deckung kommen musst, um etwas Bedeutungsvolles und Reales aufzubauen. Trotzdem muss jeder ein gewisses Maß an Verstellung an den Tag legen. Im Wesentlichen bedeutet das, dass du dich von deiner besten Seite zeigst, auch wenn deine Hoffnung und Motivation für die Suche nach der wahren Liebe schwindet. Du musst es trotzdem versuchen. Setzt du dies um, wird der Restglaube zu einer Überzeugung und die Überzeugung irgendwann Realität.

Das bedeutet jedoch nicht, dass du mit einem Mann ausgehen sollst, den du nicht magst, nur weil du glaubst, dass du dich irgendwann in ihn verlieben wirst.

Es bedeutet vielmehr, dass du dich dazu zwingen solltest, immer dein Bestes zu geben, bis es dir in Fleisch und Blut über geht und du somit den Teufelskreis von Frustration und Hoffnungslosigkeit überwindest. Eine solches Mindset ermöglicht es dir, Situationen aus einem anderen Blickwinkel zu betrachten und aus deiner Komfortzone herauszutreten. Ohne diese Bereitschaft wird es unglaublich schwierig sein, sich persönlich weiterzuentwickeln.

Die moderne Psychologie geht davon aus, dass dieser Ansatz dir dabei helfen kann, eine positive Einstellung zu entwickeln, wodurch die Gewissheit erwächst, dass dein Wunschpartner da draußen nach dir sucht und ihr einander findet.

Was kannst du tun, um dein Profil in einem attraktiven Licht erscheinen zu lassen?
Dein Online-Profil sollte keine Männer anziehen, die dich von deinem Ziel und deinen Wünschen ablenken oder dich gar dazu bringen, an dir zu zweifeln. Motivierst du die falsche Sorte Männer dazu, dich zu kontaktieren und solltest du dich auf diese einlassen, wirst du unweigerlich deine Zeit verschwenden - und nichts tut so weh, wie Zeit, die man mit der falschen Person verschwendet hat!

Du solltest dein Profil bewusst so gestalten, dass du den Typ Mann anziehst, den du dir als Partner wünschst - einen Mann, der dir hilft, deine Ziele zu erreichen, dir Komplimente macht, dir das Gefühl gibt, geliebt zu werden und deine Wünsche wahr werden lässt. Es sollte einen Typus von Mann ansprechen, der alle deine Kriterien erfüllt - oder zumindest die meisten davon. Denn niemand ist perfekt.

Dein Profil sollte auch als Filter fungieren, indem es Männer aussortiert, die nicht zu dir passen oder die deine kostbare Zeit verschwenden würden. Es kommt also darauf an, diese Kandidaten von Anfang an auszusondern, denn später musst du bei denjenigen, die oberflächlich gesehen zu dir passen könnten, noch selektiver wählen.

Früher, zu meiner Zeit, haben Frauen bereits mit zwanzig geheiratet. Ein Alter von vierundzwanzig und fünfundzwanzig galt bereits als spät für eine Heirat.

Heute haben die meisten Frauen die Einsicht und den Mut, aus einer breiteren Palette von Möglichkeiten zu wählen. Sie verfolgen ihre Karrieren, haben einen guten Bildungshintergrund, großartige Persönlichkeiten und auch so viel zu bieten, dass ein Mann nicht mehr als der ultimative Preis angesehen wird. Trotzdem wollen viele Frauen einen erfolgreichen Mann.

Um einen erfolgreichen Mann anzuziehen, musst du ein Profil erstellen, das dich in einem ansprechenden Licht erstrahlen lässt und die Aspekte hervorhebt, die dir am wichtigsten sind. Dafür musst du zielorientiert vorgehen und dich selbst kennen. Welche Punkte stehen auf deiner Prinzipienliste ganz oben? Diese sollten sich auch auf deinem Profilbild widerspiegeln.

Menschen benutzen attraktive Bilder, um ihr Profil gut aussehen zu lassen. Unterschiedliche Typen von Männern fühlen sich von verschiedenen Frisuren, Outfits und einem spezifischen Gesamtlook angezogen. Möchtest du von diesem Umstand profitieren, dann musst du dir diese Erkenntnis zunutze machen.

Erforsche dich selbst und dann die Art von Mann, die du willst. Suche nach Dingen, die einen solchen Mann für eine Frau attraktiv machen, und passe dein Profil so an, dass es zu der Art von Mann passt, die du dir wünschst. Doch wie stellst du das an? Beginne zunächst damit, authentische Bilder von dir hochzuladen. Bleibe dabei positiv und du selbst und vermeide Klischees, Egozentrik oder übertriebene Angeberei. Schließlich möchtest du jemanden, der dich deiner selbst wegen liebt, und nicht für das, was du auf der Habenseite stehen hast - nicht deiner Abschlüsse, deines Jobs und auch nicht deiner Herkunft wegen. Dein Traummann liebt dich, deine Werte und dein Wesen. Jemand, der einfach dankbar und glücklich ist, weil es dich gibt.

Healing The Past

1. Affect
   Desired Feeling
   (Place of Relaxation)

2. Characteristics:
   Pressure
   Heaviness
   Triggers
   Tight Feeling
   Tight Knot

3. Localisation
   · Neck
   · Chest
   · Stomach

4.

5. Hypnomnesia
   You memorise like
   never before

Regression

Progression

Kapitel Zwei

VERKAUFE UND BETRÜGE DICH NICHT

Ein Mensch, der dem Alkohol abschwören will, sollte nicht in eine Bar gehen und dort der Illusion erliegen, Wasser bestellen zu können - er wird zweifellos zu etwas Stärkerem greifen, oder zumindest gegen die Versuchung ankämpfen müssen.

Nehmen wir an, dir wäre dann und wann nach etwas intimerer Gesellschaft zumute. Das könnte eine Möglichkeit sein, um deinem Traummann zu begegnen. Klar, du könntest heute einen Mann kennenlernen, bei euch funkt es, ihr habt fantastischen Sex, und er bleibt für immer an deiner Seite. Die Chancen, dass dies geschieht, sind jedoch eher dürftig. In der Welt des Online-Datings ist dies auch mit gewissen Risiken behaftet. Demzufolge ist es nicht ratsam, zu früh in das Spiel einzusteigen, denn der Einsatz ist hoch. Du solltest also abwarten, bis die Voraussetzungen passen, um jemanden zu finden, der zu deinen Anforderungen und Zielen passt.

Der Markt besteht zu weiten Teilen aus Männern, die primär auf sexuelle Befriedigung mit neuen Online-Bekanntschaften aus sind. Umso wichtiger ist es, dass du dich an deine Werte hältst, denn Online-Dating-Portale sind voll mit Aufreißern und Menschen ohne ernsthafte Ambitionen. Man kann davon ausgehen, dass speziell Tinder von Männern und Frauen dominiert wird, die auf kurzweiligen Spaß aus sind. Je mehr Dating-Websites mit Menschen übersättigt sind, die nur auf der Suche nach irgendeiner Art von sexueller Interaktion sind, desto wahrscheinlicher wird es, dass du auf jemanden triffst, der vorgibt jemand zu sein, der er nicht ist - nur, weil er dir an die Wäsche will. Für eine Studie, die sich mit sexuellen Bekanntschaften im Zusammenhang mit Online-Dating befasste, wurden fünfzehn Teilnehmer befragt. Eine Befragte gab an, dass sie in zwei Jahren 260 Dates über Dating-Websites hatte, von denen, bis auf zwei Ausnahmen, alle im Bett endeten. Anhand solcher Erkenntnisse erläuterten die Forscher, wie wichtig es ist, potenzielle Partner beim Online-Dating zu selektieren, denn viele sind ausschließlich auf Sex aus.

Langfristig willst du denjenigen finden, der zu deinen Bedürfnissen passt und mit dem du dich wohlfühlst. Aus diesem Grund solltest du vor dem Sex die folgenden Punkte beachten, denn ein wenig Vorsicht hat noch niemandem geschadet.

Bestehe darauf, dass er sich auf Geschlechtskrankheiten testen lässt, bevor du Sex mit ihm hast. Das bist du deiner Gesundheit und deinem Körper schuldig. Tests auf Geschlechtskrankheiten sind leicht zu finden, relativ billig und sollten für jeden neuen Sexualpartner obligatorisch sein. Schließlich kennst du seine Geschichte nicht! Auch wenn er sich keine Sorgen wegen der Ergebnisse machen sollte, darf er sich nicht weigern, sich testen zu lassen. Und falls er sich wegen der Ergebnisse Sorgen macht, solltest du das auch tun. Auch du solltest dich testen lassen, um Gewissheit über deinen Gesundheitszustand zu haben. Dein Sexualpartner hat jedes Recht, genauso vorsichtig zu sein wie du. Es ist ein Mythos, dass Männer so sehr auf Sex aus sind, dass sie alles ignorieren, um Sex zu haben. Das ist nicht der Fall und etwas, was der richtige Mann durchaus im Hinterkopf hat.

Nimm das Tempo selbst in die Hand und frage rechtzeitig danach. Sei vernünftig, sei direkt und sei dir über deine Gesundheit im Klaren. Es wird nie einen perfekten Zeitpunkt geben, um dieses unangenehme Thema anzusprechen, aber du kannst das Beste daraus machen, indem du behutsam, rücksichtsvoll und geradeheraus bist. Es ist ein Gespräch, das du zu deiner Sicherheit führen solltest, ob du es willst oder nicht.

Dein Körper - deine Regeln. Sei dir darüber im Klaren, was du erlaubst und was nicht. Sprich über alle Sexstellungen, die dir unangenehm sind, besprich, womit du einverstanden bist und womit nicht. Manche Menschen mögen diese Diskussionen nicht und drängen dich dazu, Dinge zu tun, die du nicht möchtest. Deshalb musst du vorab dafür sorgen, dass er deine Entscheidungen respektieren wird.

Egal, wie gut ein Mann aussieht, denk daran, dass die Verwendung eines Kondoms unverzichtbar ist. Verlasse dich nicht immer darauf, dass der Mann die Initiative ergreift und für Schutz sorgt. Erkundige dich zudem bei deinem Gynäkologen, für welche Aktivitäten Kondome erforderlich sind. Beim

Geschlechtsverkehr ist natürlich ein Kondom erforderlich, aber einige Ärzte empfehlen, auch beim Oralverkehr Kondome zu benutzen. Du solltest dich so gut wie möglich über die neuesten Entwicklungen im Bereich Gesundheit, Sex und über deinen Körper informieren und nur Dinge tun, die mit deiner Gesundheit und Sicherheit im Einklang stehen.

Auch im Bett gilt: Safety first!

WARNSIGNALE UND PSYCHISCHE AUFFÄLLIGKEITEN

Psychische Probleme werden gemeinhin als eine Mischung aus Störungen des Denkens, der Argumentation, der Emotionen, des Verhaltens und der Beziehungen zu anderen definiert. Folgende Erkrankungen gehen damit einher: Depressionen, bipolare Störungen, Schizophrenie, diverse Psychosen und Entwicklungsstörungen, einschließlich Autismus. Bei diesem Thema geht es natürlich nicht darum, Menschen mit psychischen Problemen zu stigmatisieren. Vielmehr geht es um Anzeichen, auf die man bei der Partnersuche achten sollte, denn der spätere Umgang mit einem Partner, der unter psychischen Problemen leidet, erfordert viel Geduld, Einfühlungsvermögen und Empathie. Wenn du weißt, worauf du dich einlässt, spricht nichts gegen eine Beziehung mit einem solchen Mann. Einige psychische Erkrankungen können jedoch, wenn sie nicht behandelt werden, in emotionale oder körperliche Misshandlungen umschlagen. Aus diesem Grund ist es so wichtig, derartige Aspekte zu berücksichtigen und auf Warnsignale zu achten.

Folgendes sollte dich nachdenklich machen:

- Er fragt dich sofort: „Was machst du beruflich?" Kein Mann sollte dich übermäßig schnell fragen, welchem Beruf du nachgehst. Es ist normal, wenn er sich zuerst vorstellt und sagt, womit er seinen Lebensunterhalt verdient, und du kannst im Gegenzug Auskunft darüber geben, womit du deinen Lebensunterhalt bestreitest. Stellt ein Mann dir diese Frage jedoch überstürzt, ist dies ein deutliches Warnsignal. Du weißt, dass du es entweder mit einem Betrüger, einem Blender oder bestenfalls mit jemandem zu tun hast, der eine verquere Sicht auf das Leben hat. Es ist wahrscheinlich, dass ein solcher Mann den Umfang deines Bankkontos herausfinden will und nach einer Strategie sucht, um an dein Geld zu kommen. Eine solche Person beurteilt dich anhand dessen, was du hast, nicht anhand deiner Persönlichkeit. Die Bitte um finanzielle Hilfe lässt dann nicht lange auf sich warten.

- Unmissverständliche Botschaften. Der Stellenwert von Sex wird zum Beispiel überdeutlich klargemacht, damit du weißt, was von dir erwartet wird, um die Beziehung aufrechtzuerhalten. Keine Frau sollte sich mit so einem Verhalten abfinden.

- Überstürzte Liebesgeständnisse. Solche Männer wollen um jeden Preis eine enge Bindung aufbauen, auch wenn das bedeutet, dass sie es erzwingen müssen. Sie setzen dich unter Druck und neigen zu Vorwürfen, falls du ihre Gefühle nicht schnell genug erwiderst.

- Sie schicken dir entweder zu viele Bilder von sich selbst oder aber gar keine.

- Männer, die zu viel über ihre Ex oder frühere Beziehungen sprechen. In den Geschichten, die sie dir erzählen, scheinen sie nie selbst schuld zu sein und geben immer der anderen Person die Schuld für den Schmerz, den sie erlitten haben, oder für das Ende der Beziehung. Sie versuchen dir einzureden, dass sie der beste Ehepartner sind, den man haben kann, oder dass sie der romantischste Mann überhaupt wären. Ein Mann, der zu viel über sich selbst redet und keine Fehler in seinem Handeln sieht, ist eine Bedrohung, denn er ist mit Sicherheit manipulativ, emotional missbräuchlich oder sogar narzisstisch.

- Süßholz raspeln. Wenn jemand, den du gerade erst kennengelernt hast, dir zu viel Honig ums Maul schmiert, ist das ein Warnsignal. Vielleicht hörst du ununterbrochen, wie schön, intelligent und einzigartig du bist, wie beeindruckt er von dir sei oder wie sehr er dich bewundert. Vielleicht tut er sogar so, als ob du der herausragendste Mensch wärst, den er je getroffen hat, obwohl er nur ein oder zwei Mal mit dir gesprochen hat. Jemand, der sich so verhält, hat wahrscheinlich Motive, die nicht in deinem besten Interesse liegen. Auch, wenn du vieles davon gern hören magst, solltest du bedenken, dass diese Person dich überhaupt nicht kennt. Alles, was er zu diesem Zeitpunkt von dir wissen kann, basiert auf den oberflächlichen Annahmen des frühen Stadiums eurer Beziehung. Es handelt sich wohl eher um Verliebtheit als um Liebe. Ein Süßholzraspler wird nicht mit Komplimenten aufhören, ehe er dich da hat, wo er dich haben will.

Wir haben uns nun mit einigen allgemeinen Warnsignalen befasst, jetzt wenden wir uns denen zu, die Männer mit psychischen Problemen aussenden:

- Eines der ersten Anzeichen für psychische Probleme ist eine offensichtliche Verschlechterung des Gesundheitszustandes. Schlaf- oder Appetitverhalten ändern sich, wenn jemand unter psychischen Problemen leidet. Dies hat Auswirkungen auf die Gesundheit im Allgemeinen.

- Apathie. Betroffene zeigen Desinteresse oder haben keine Lust, sich an Aktivitäten zu beteiligen. Wenn du dich mit ihnen verabredest, kann es sich so anfühlen, als ob sie gezwungen wären, dich kennenzulernen. Sie fühlen sich entweder zu entspannt, weil ihnen am Verlauf eures Dates nichts liegt, oder sie sind müde und können es kaum erwarten, nach Hause zu gehen.

- Unlogisches Denken oder Irrationalität. Betroffene neigen zu ungewöhnlichen und unrealistischen Vorstellungen, speziell in Bezug auf sich selbst. Sie hängen häufig einem übersteigerten Glauben an sich selbst nach und legen wenig Wert auf die Standpunkte anderer. Oft geht damit ein übermäßiges Bedürfnis einher, entweder zu viel oder gar nicht zu sprechen.

- Soziale Ängste und Hemmungen, d. h. Betroffene hegen eine extreme Abneigung gegen soziale Zusammenkünfte. Sie bevorzugen Orte, an denen nur wenige Menschen sind und mögen generell keine überfüllten Bereiche. Diese Menschen können bereits auf jedwede Einbeziehung Dritter allergisch reagieren.

- Geiz. Ein geiziger Mann, den du auf einer Online-Dating-Plattform kennengelernt hast, verabredet sich am liebsten bei dir oder bei ihm zu Hause. Dies ist, falls ihr nicht bereits seit sehr langer Zeit in Kontakt steht, ein deutliches Warnsignal. Geizige Männer wollen nicht zu viel ausgeben, also vermeiden sie Dates, bei denen sie zahlen müssen. Ein solcher Mann redet unnatürlich oft von günstigen oder zu hohen Preisen oder erwähnt seine Abneigung gegen das Shopping im Allgemeinen. Er gibt weder für sich noch für dich etwas aus. Er sieht Taxis als Ressourcenverschwendung an und würde lieber lange Strecken zu Fuß gehen, als für den Transport zu bezahlen. Diese Art von Verhalten ist ein wichtiges Warnsignal und wird später zu Problemen in der Beziehung führen.

- Mangelnde Willenskraft. Willenskraft ist die Fähigkeit, kurzfristigen Verlockungen zu widerstehen, um langfristige Ziele zu erreichen. Unser Leben würde sich erheblich verbessern, wenn wir alle in jedem Bereich unseres Lebens Willenskraft aufbringen könnten. Viele Menschen haben diese zwar, aber leider nicht in Bezug auf Dinge, die ihnen widerstreben. Den meisten Männern, die Camilla und andere Frauen online kennenlernten, fehlte es an Willenskraft. Dies ist eines der größten Hindernisse für positive Veränderungen, wie zahlreiche Studien belegen. Wenn es einem Mann an Willenskraft mangelt, erliegt er schnell spontanen Versuchungen und zieht dich nicht selten dort mit hinein. In Gesellschaft eines solchen Mannes ist höchste Vorsicht geboten. Rechne mit allem, denn nichts lässt sich kategorisch ausschließen. Ich habe Geschichten gehört, in denen Männer bereits beim ersten Date

Kontrollverlust bewiesen, z. B. indem sie eine Frau zum Sex auf der Damentoilette drängten - nur weil sie sich spontan diesen lang gehegten Wunsch erfüllen wollten.

- Bindungsaversion. Es kann zwei Gründe geben, warum ein Mann sich nicht an dich binden will. Zum einen könnte er ein verborgenes Problem mit sich herumtragen. Im Fall von Camilla und einigen Frauen, mit denen ich für die Recherche dieses Buches gesprochen habe, waren es immer diese Männer, welche einer ernsthaften Bindung auswichen.

- Zum anderen könnte es daran liegen, dass du etwas falsch machst. Zu verstehen, welcher der beiden Gründe zutrifft, kann dich vor großem Liebeskummer bewahren.

Viele Frauen finden sich in einem endlosen Teufelskreis mit einem Mann wieder, der sich weder für eine feste Beziehung, noch für eine rein platonische Freundschaft eignet. Die Dynamik in einer solchen Beziehung ist nicht gesund. Wenn er die folgenden Dinge tut, ist er nicht bereit, sich auf dich einzulassen, und will sich vielleicht nur die Zeit mit dir vertreiben:

- Er sagt Pläne in letzter Minute ab oder erscheint einfach nicht zu Verabredungen. Später folgt oft eine peinliche Ausrede.

- Er behandelt dich nicht mit der Freundlichkeit oder Liebe, die dir zusteht. Es macht ihm nichts aus, nur das Nötigste für dich zu tun und er macht keine Anstalten, dies zu ändern.

- Seine reale Persönlichkeit unterscheidet sich stark von seiner virtuellen.

- Er ist nicht bereit, ausdrücklich zu demonstrieren, dass er an dir interessiert ist, oder eine Zukunft mit dir planen möchte. Er zeigt wenig Zuneigung oder demonstriert gar mangelnde Wertschätzung, etwa durch fehlende Gesten (Aufhalten der Tür etc.).

- Er hält es nicht für nötig, dich seinen Freunden oder seiner Familie vorzustellen oder dir zumindest in Chats oder bei Verabredungen von ihnen zu erzählen. Du weißt wenig bis gar nichts über seine Familie. Er hat keine Geschichten über seine Kindheit parat und du weißt weder etwas über seine Vergangenheit noch über seine Zukunft.

- Er bezieht dich nicht in seine Pläne mit ein und erwartet, dass du bereit bist, wenn er es ist. Er stellt dich vor vollendete Tatsachen und erwartet, dass du ihm blind folgst.

- Er genießt den Sex mit dir, scheint aber nicht an darüber hinaus gehender Zweisamkeit, etwa Umarmungen, küssen oder kuscheln interessiert zu sein. Die Nähe, die ihr zueinander habt, geht nicht über den Sex hinaus.

- Es macht ihm nichts aus, in deiner Gegenwart lange Telefonate zu führen, die nichts mit dem Job zu tun haben. Er entschuldigt sich nicht oder schiebt lediglich eine Ausrede vor.

Du kannst wenig tun, um einen Mann dazu zu bringen, sich binden zu wollen. Männer nehmen sich, was sie wollen, wann sie wollen.

Es ist daher sinnlos, einen Mann dazu bringen zu wollen, sich an dich zu binden. Er sollte diesen Wunsch aus eigenem Antrieb heraus entwickeln.

Viele Männer haben auch Angst, ja Panik, sich zu binden. Das kann an Problemen in der Vergangenheit, an Kindheitstraumas oder an toxische Beziehungserlebnissen liegen. Häufig ist dies auch ein Warnzeichen, wenn man einem gebundenen Mann begegnet.

Vielleicht ist es um seine psychische Gesundheit nicht zum Besten bestellt, so dass er vor einer Bindung davonläuft oder sich nicht endgültig dazu durchringen kann. Es kann einiges vorgefallen sein, was einem Mann Angst vor der Verantwortung macht.

Diese Art von Männern gibt es in verschiedenen Ausprägungen. Manche wollen vielleicht in deiner Nähe sein und mögen dich, aber sie haben Angst, eine Beziehung mit dir einzugehen. Sie zeigen dir zunächst durch kleine Aufmerksamkeiten, dass sie dich schätzen, z. B. indem sie sich ganz auf dich einlassen, wenn sie in deiner Nähe sind. Doch dann ziehen sie sich zurück, verletzen dich verbal, oder ihre Körpersprache wird dir gegenüber plötzlich kalt, und du kannst förmlich sehen, wie sie sich verschließen. Dieses Verhalten sorgt für Unklarheit und natürlich dafür, dass du dir Sorgen um deine Beziehung machst. Ein solcher Zustand kann weitreichende Auswirkungen haben, etwa indem er einen Schlafmangel begünstigt.

Deshalb ist es so wichtig, dass du dich selbst und deine Ziele genau kennst und weißt, wonach du eigentlich suchst. Dann fällt es dir auch leichter, dich von jemandem zu trennen, der dir nur den Kopf verdreht, deine Zeit stiehlt und dessen Gesellschaft toxisch für dein Leben ist.

Mitunter liegt der Fehler aber auch bei dir und du tust Dinge, die dich als verzweifelt erscheinen lassen. Schauen wir uns ein paar Dinge an, die du falsch gemacht haben könntest und die dazu führen könnten, dass er sich nicht binden will.

- Vielleicht gibst du ihm nicht das Gefühl, gebraucht zu werden, sondern nur begehrt zu sein. Du bist unabhängig und das merkt man dir auch an, zudem kann es nur einen Anführer geben. Ein Alphaweibchen und ein Alphamännchen werden selten miteinander glücklich. Männer sind instinktive Wesen, die oft beschützen und fürsorglich sein wollen.

- Du bist immer verfügbar und hast es ihm viel zu leicht gemacht. Wir leben in einer Generation, in der Frauen ihre Wünsche und Bedürfnisse direkt äußern können, ohne dass man auf sie herabsieht oder sie schlecht behandelt. Das ändert aber nichts an der Tatsache, dass Menschen Dinge, die ihnen zu leichtfallen, im Allgemeinen als selbstverständlich ansehen. Ist dies der Fall, glaubt er, dass du auf Abruf bereit bist und stets Gewehr bei Fuß stehst. Männer mögen Herausforderungen. Das bedeutet, dass sie, genau wie bei Videospielen, das Gefühl haben, einen wertvollen Preis zunächst verdienen zu müssen, anstatt ihn einfach geschenkt zu bekommen.

- Du wurdest zu schnell zu vertraut mit ihm. Hast du jemals einen Mann so sehr gemocht, dass du unbedingt ganz ehrlich zu ihm sein wolltest? Die Wahrheit ist, dass Ehrlichkeit nicht immer die beste Strategie in Bezug auf Männer ist. Menschen brauchen Zeit, um sich an die Eigenheiten und

Einstellungen des anderen zu gewöhnen. Wenn er schon alles über dich weiß, bevor er die Chance hat, sich in dich zu verlieben, fällt die Spannung ab und er wird dies als Grund werten, nicht mit dir zusammen zu sein.

- Du hast ihn verletzt, ohne es zu merken - entweder mit Worten oder mit Taten. Wir sind nicht alle gleichermaßen empfindlich und vielleicht stößt du ihn mit kleinen Dingen ab, ohne dass es dir bewusst wird, z. B. wenn du übermäßig kritisch, anhänglich oder voreingenommen auftrittst. Vielleicht ist da etwas an dir, das er nicht mag und das ihn davon abhält, sich komplett auf dich einzulassen.

- Die Beziehung existiert mehr in deinem Kopf als im wirklichen Leben. Die einfachste aller Begründungen: Er will schlicht keine Beziehung mit dir. Ohne tiefere Geheimnisse oder zugrundeliegende Ursachen. Es könnte sein, dass du dir die ganze Romantik nur einbildest, und du siehst Dinge, die nicht existent sind. Wie ich schon sagte: Du kannst niemanden zu einer Beziehung zwingen.

Ich habe eine Checkliste mit Fragen für dich zusammengestellt, die du dir stellen solltest, bevor du dich entscheidest, ein neues Kapitel aufzuschlagen, oder aber den Mann erkennen zu lassen, dass du diejenige bist, die er braucht, um sesshaft zu werden. Falls du ihn liebst oder eine Bindung zu ihm aufgebaut hast, die du nicht verlieren willst, musst du dir zuerst einige bestimmte Fragen stellen:

1. Hast du mit ihm offen gesprochen? Weiß er, wie du dich fühlst? Ist er offen für ein Gespräch über deine Gefühle?

2. Hast du ihm eine angemessene Zeit gegeben, um alles zu verarbeiten?
3. Ist er ehrlich zu dir, oder versucht er zumindest, ehrlich zu dir zu sein?
4. Hast du das Gefühl, dass du deine Zeit verschwendest und mehr verdienst?
5. Behindert er dich in deiner Entwicklung als Person?
6. Versuchst du, etwas zu erzwingen, was vielleicht gar nicht existiert?
7. Hast du zu schnell zu viel von dir preisgegeben?

Wenn du offen und ehrlich warst und er immer noch keine Beziehung will, dann nimm es als Zeichen dafür, dass er einfach nicht der Typ ist, der sich bindet. An diesem Punkt kannst du nichts anderes tun, als nach vorn zu sehen und eine bessere Beziehung mit jemand anderem zu finden. Falls er nichts unternimmt, um eure Situation zu verbessern und die Gefühle nur einseitig vorhanden sind, solltest du es akzeptieren und bereit sein, ein neues Kapitel in deinem Liebesleben aufzuschlagen. Ein Mann, der nicht weiß, was er will, dich aber trotzdem in seiner Nähe behält, hat dich nicht verdient und du solltest solchen Männern niemals Zugang zu deiner Zeit, deinem Körper oder deinem Herzen gewähren. Diese Männer haben dich nicht verdient! Du verdienst jemanden, der dich ernsthaft kennenlernen will und der bereit ist, sich anzustrengen, um eine glückliche Beziehung mit dir zu erlangen.

Falls du den ultimativen Schritt scheust und immer noch glaubst, dass es sich lohnt, für ihn zu kämpfen, dann kannst du zumindest versuchen, dich in seine Lage zu versetzen, um zu verstehen, was er denkt. Wenn ein Mann sich nicht binden will, obwohl er von dir begeistert zu sein scheint, gibt es immer einen Grund. Wenn du ihn magst, liegt es vielleicht an dir, herauszufinden, was es ist.

Aus jahrelanger Erfahrung weiß ich, dass das fehlende Glied in einer Beziehung nicht der Sex, die Kommunikation oder das Fehlen von romantischer Zweisamkeit ist. All diese Dinge sind zwar wichtig, aber sie sind kaum ausschlaggebend für den Erfolg einer Beziehung. Entscheidend ist vielmehr folgendes: Du musst verstehen, was im Kopf eines Mannes vor sich geht. Diese Dinge zu erörtern, kann dir helfen, das Problem zu erkennen und zu entscheiden, ob es wirklich die beste Lösung ist, schlusszumachen. Andernfalls gibt es vielleicht nur ein paar Hürden, die ihr beide gemeinsam überwinden müsst, sofern er dazu bereit ist. Ist dies nicht der Fall, gibt es nur die Lösung der Trennung.

The Drama Trainagle

Forgive the past

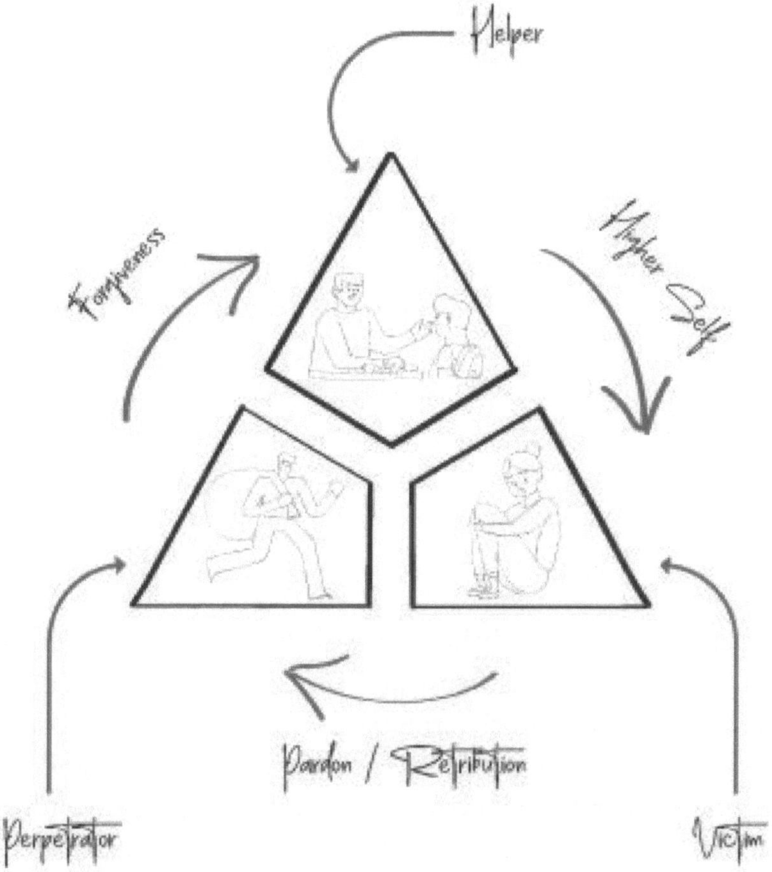

Kapitel Vier

ÜBERNIMM DIE INITIATIVE

Sei du es, die den ersten Kontakt aufbaut! Viele Frauen sind nervös oder fühlen sich unwohl, wenn sie einen Mann online zuerst anschreiben. Sie glauben, dass der Mann derjenige sein sollte, der den ersten Schritt macht. Bestimmte Dating-Plattformen wie Tinder ermöglichen es einem Mann, eine Frau initiativ zu kontaktieren. Bei Bumble liegt der Ball jedoch bei der Frau, denn sie ist diejenige, die eine erste Kontaktaufnahme initiiert. Hier kannst du die Verantwortung übernehmen und entscheiden, ob der Aufwand lohnt.

Sei nicht zu schüchtern, zuerst eine Nachricht zu schicken! Begegne diesen Vorbehalten mit Selbstvertrauen und Übung, bis es zur Gewohnheit wird und sich vollkommen natürlich anfühlt. Das wird dich ermutigen! Lässt du diese Chance ungenutzt und erlaubst dem Mann, die Zügel in die Hand zu nehmen, hat er die Möglichkeit, dich in jede beliebige Richtung zu lenken, und ehe du dich versiehst, gibst du Informationen über dich preis, während er reserviert und ausweichend bleibt.

Wenn du also den Mann deiner Träume kennenlernen willst, solltest du zunächst anhand von Chats und Telefonaten selektieren, bevor du dich auf ein Date einlässt. So kannst du herausfinden, ob ihr beide die gleiche Mentalität, Lebenseinstellung oder Ziele habt. Du musst aktiv sein und deinen Teil dazu beitragen, jemanden kennenzulernen. Du musst lernen, die Initiative zu übernehmen und das Gespräch in die von dir gewünschte Richtung zu lenken, damit du die gewünschten Informationen bekommst.

Als zielstrebige Frau musst du den Drang haben, dich durchzusetzen und trotz deiner Schüchternheit oder Unbeholfenheit voranzukommen - weil du ein Ziel vor Augen hast! Du brauchst diese Entschlossenheit, um dein Leben zu verändern und die gewünschten Ergebnisse zu erzielen. Du musst wissen, dass du mit Disziplin in der Lage sein wirst, proaktiv zu handeln und nicht zuzulassen, dass der Mann das Gespräch in eine Richtung lenkt, die nur ihm nützt. Du übernimmst die Führung und entdeckst dabei die Vorzüge eines fließenden Gesprächs.

DU HAST DEIN PROFIL ERSTELLT? NUTZE ES NUN ZU DEINEM VORTEIL!

Dein Profil ist wie die Visitenkarte deines Geschäfts. Es ist dein Projekt, das Aufmerksamkeit erfordert und auch wie ein Unternehmen behandelt werden muss. Sobald du dein Profil erstellst, ist das wie die Einführung deiner eigenen Marke. Aus Marketingsicht kannst du nicht einfach ein Produkt herstellen und hoffen, dass es sich ohne Werbung verkauft. Du musst potenziellen Kunden mitteilen, dass das Produkt, das du anbietest, tatsächlich erhältlich ist.

Beim Online-Dating gibt es verschiedene Formen des Marketings. Datingseiten mit effizienten Algorithmen werden zum Beispiel bei der Findung von Matches automatisch etwas Werbung für dich machen. Du kannst jederzeit passende Spezifikationen in die Suche eingeben oder dich auf die automatisierte Suche verlassen, die einige Seiten anbieten.

Bei Bumble geht das ganz einfach: Du wirst mit Männern zusammengebracht, die ähnliche Werte teilen wie du. Sie liken dein Profil und sobald du dies erwiderst, wird eine Verbindung hergestellt - ein Match. Geschieht dies jedoch nicht, kommt es auch unmöglich zu einer Kontaktaufnahme.

Abgesehen von den Matching-Funktionen werden die Dating-Seiten dein Profil jedoch nicht promoten, wenn du inaktiv und damit nicht kommunikativ bist. Darüber solltest du dir im Klaren sein. Partnerbörsen stellen die Tanzfläche für die Party, du als Partygast solltest dich jedoch nicht in der Ecke verstecken. Du solltest dich stattdessen in die Mitte der Tanzfläche bewegen, Spaß haben, ausprobieren, ins Rampenlicht treten - und deine Wahl treffen!

Du allein bestimmst deinen Erfolg! Handle, kommuniziere und lote die Dinge aus. Falls es nicht klappt, kannst du dir wenigstens zu 100 % sicher sein, dass du dein Bestes gegeben hast, ohne etwas dabei verloren zu haben - denn dann ist es deren Verlust, nicht deiner! Bedenke dabei: Niemand, der Probleme mit einer anspruchsvollen Frau hat, wird je der Richtige für dich sein.

Sehe es als Sport an, dich zunächst durch die Profile zu kämpfen. Du erlangst schließlich Meisterschaft und gewinnst an Selbstvertrauen. Nimm die Herausforderung an - nur dann wirst du den Mann finden, der zu deiner Seele passt, dein Herz entflammt und bei dem du dich geborgen fühlen kannst.

Verliere dabei nie diese 4 Regeln aus dem Auge:
- Liebe dich selbst!
- Praktiziere aktive Selbstfürsorge!
- Gib dir selbst die oberste Priorität!
- Handle aus einer Position der Stärke und des Selbstvertrauens heraus!

Liebe dich selbst!

Oscar Wilde sagte: *„Sich selbst zu lieben ist der Beginn einer lebenslangen Romanze."*

Allzu oft rümpfen die Menschen die Nase über das Konzept der Selbstliebe. Sie halten dies für einen kitschigen Begriff und für eine selbstverliebte Marotte, die man unterlassen sollte. Aber zu lernen, sich selbst zu lieben, ist eines der wichtigsten Dinge, die du im Leben vollbringen kannst. Dein Herz ist der Quell deiner Kraft und wenn du selbst auch zur Quelle der Liebe in deinem Leben wirst, verändert das alles! Dein Leben nimmt eine komplett neue Wendung. Deine Beziehungen, deine Karriere und deine Gesundheit blühen auf, wenn du damit anfängst, dich selbst zu lieben.

Obwohl wir insgeheim wissen, dass es wichtig ist, sich selbst zu lieben, stellen wir fest, dass dies mitunter leichter gesagt als getan ist. Es gibt verschiedene Ansätze auf dem Weg zur Selbstliebe und ich stelle dir nachfolgend 13 Wege vor, wie du es richtig angehen kannst. Von diesem Punkt aus kannst du Frieden und Sicherheit finden, um deine Träume in Erfüllung gehen zu lassen.

Selbstfürsorge als Teil der Selbstliebe

Die Pflege deines Körpers ist eine grundlegende Form der Selbstliebe. Damit musst du anfangen. Nimm dir also Zeit, dich mit deinem Körper und jedem kleinen Vorzug oder jedem vermeintlichen Makel auseinanderzusetzen. Achte darauf, was du deinem Körper zuführst und gib ihm das, was er ihm guttut. Ernähre deinen Körper mit gesunden Lebensmitteln und nimm deine Körperpflege ernst. Kümmere dich um deine Nägel, Zähne, Haare, deine Haut und alles andere. Gönne dir mal einen leckeren Snack, aber nimm dir auch Zeit, ein nährstoffreiches Abendessen zu kochen. Auch ein professioneller Ernährungsplan kann dir behilflich sein. Die Art und Weise, wie wir uns ernähren, spiegelt die Art und Weise wider, wie wir uns selbst lieben.

Verbringe bewusst Zeit mit dir selbst

Hierbei geht es darum, ein paar erfüllende Momente nur mit dir selbst zu verbringen und etwas Einzigartiges zu tun, das nur für dich bestimmt ist. Indem du etwas Besonderes für dich tust - etwas, das du normalerweise nur mit jemand anderem tun würdest - hierbei schenkst du dir selbst die Liebe und Aufmerksamkeit, die du normalerweise anderen zuteil werden lässt. Du wendest diese Liebe auf dich selbst an, anstatt sie zu verteilen. Vielleicht nur eine Kleinigkeit, wie ein Kaffee oder ein Stück Kuchen in der Sonne, oder etwas Größeres, wie ein Tag im Wellnessbereich. Wichtig ist, dass du bewusst genießt.

Lege ein Dankbarkeitstagebuch an

Studien haben ergeben, dass das Aufschreiben der Dinge, für die du Dankbarkeit empfindest, dein Wohlbefinden und dein positives Denken verbessern und gleichzeitig Depressionen und Ängste lindern. Jeden Tag fünf Dinge aufzuschreiben, für die du dankbar bist, ist ein tolles Hilfsmittel aktiv praktizierter Selbstliebe. Dies bringt uns dazu, eine Haltung der Dankbarkeit, der Liebe und gesunder Balance einzunehmen.

Besorge dir ein Dankbarkeits- oder auch nur ein einfaches Tagebuch und mache es dir zur Gewohnheit, am Ende jedes Tages fünf Dinge aufzuschreiben, für die du dankbar bist! Schon bald wirst du merken, wie gut es sich anfühlt, den Tag so zu beenden. Das ist etwas, das ich prinzipiell jedem Menschen empfehle, vor allem aber Frauen: Um dich selbst zu verstehen, musst du nicht nur über dich schreiben, sondern vor allem *mit dir selbst schreiben*. Ich persönlich habe schon recht früh in meinem Leben angefangen, ein Tagebuch zu führen und kann es nur jedem wärmstens ans Herz legen.

Bedanke dich darin für die positiven Dinge, die dir an diesem Tag widerfahren sind, und für die Menschen in deinem Leben, die du schätzt. Vergiss aber nicht, dich selbst in deine Dankbarkeit Praktik miteinzubeziehen. Finde jeden Tag mindestens eine Sache, für die du dir selbst danken kannst, und du wirst sehen, wie sich deine Beziehung zu dir selbst in eine dynamische und liebevolle Richtung entwickelt.

Tue deinem Körper etwas Gutes
Wenn wir lernen, uns selbst zu lieben, müssen wir unweigerlich auch Zeit und Aufmerksamkeit auf unseren Körper und unseren Geist verwenden. Wie wir uns in unserem Körper fühlen, hat direkten Einfluss darauf, wie wir über uns selbst denken. Der Schmerz, den du in deinem Körper oder deinem Geist spürst, wirkt sich darauf aus, wie du dich im Allgemeinen

fühlst. Du willst, dass sich dein Körper energiegeladen und voller Kraft fühlt? Dann ist es erforderlich, dass du die richtigen Wohlfühlmaßnahmen ergreifst - Dinge, die dir ein gutes Gefühl geben! Ob Yoga, Meditation, Laufen, Wandern oder Tanzen - ein aktiver Körper bringt das Herz zum Schlagen und verbessert so automatisch deine Stimmung.

Verwirkliche dich selbst
Du solltest Wege finden, dich auszudrücken und dich dabei unbeschwert zu fühlen, sei es beim Tanzen, Schreiben, Singen, Malen, Kochen, Zeichnen oder Dichten - jedes kreative Hobby zählt. Oft ist es etwas, das wir als Kinder ganz intuitiv getan haben, in jedem Fall etwas, das unsere Lebensgeister weckt.

Finde also heraus, was für dich funktioniert! Wann hast du das Gefühl, dass du loslassen und so sein kannst, wie du wirklich bist? Vielleicht tust du das heute nicht mehr und musst dafür lange zurückdenken? Was hat dir seinerzeit ein Gefühl der Lebendigkeit verliehen und mit deinem tiefsten Inneren in Einklang gebracht? Singe, als ob niemand zuhören könnte, oder male in kräftigen Farben, einfach nur so zum Spaß! Du musst dir Zeit für die Dinge nehmen, die es dir ermöglichen, dich kreativ zu verwirklichen. Nur so bleibst du auch innerlich lebendig, interessant und faszinierend für andere - etwa, um das Interesse von jemandem zu erwecken, für den du Gefühle entwickelt hast.

Schreibe einen liebevollen Brief an dich selbst
Greif dir Zettel und Stift und schreibe dir selbst einen Brief mit der gleichen Liebe und Zuneigung, mit der du auch deinem Liebsten schreiben würdest. Schreibe über die Dinge in deinem

Leben, die dich glücklich machen. Schreibe über die Menschen in deinem Leben, die dir Freude, Inspiration und Herzlichkeit bescheren. Schreibe über Eigenschaften, die dich einzigartig machen - seien sie albern oder scheinbar bedeutungslos - es spielt keine Rolle.

Schreibe nieder, welche Teile deines Körpers du magst und auch, wie gut du kürzlich mit einer herausfordernden Situation umgegangen bist, die dich eigentlich traurig hätte machen sollen. Notiere dir jeden Liebeskummer, über den du hinweggekommen bist, oder auch vergangene Errungenschaften, auf die du stolz bist.

Denke darüber nach, wie du dich fühlst und sprich dir selbst Mut zu! Notiere dir auch deine Träume und Wünsche für die Zukunft. Falls es etwas in deinem Leben geben sollte, mit dem du zu kämpfen hast, überlege, welcher Rat diesem Problem zuträglich sein könnte. Schließe diesen Brief gebührend mit deiner Unterschrift ab.

Kreiere Momente des Wohlfühlens
Wir sind viel mächtiger, als wir denken. Um die Gefühle zu erzeugen, die wir im Leben erleben wollen, egal wo wir sind oder was um uns herum passiert, müssen wir lernen, davon Gebrauch zu machen.

Das geht ganz einfach, indem du an eine Zeit zurückdenkst, in der du dich voller Freude, Glück, Frieden oder Erfüllung gefühlt hast. Nehme dir zu diesem Zweck ein Foto von dir aus dieser Zeit, das dich daran erinnert, wie du dich damals gefühlt hast. Dies wird positive Empfindungen aus der Vergangenheit wiederaufleben lassen.

Bewahre das Foto an einem Ort auf, an dem du es täglich betrachten kannst. Speichere es als Hintergrundbild oder drucke es aus und klebe es an deinen Badezimmerspiegel. Wann immer du einen Wohlfühlboost brauchst, schau dir das Bild an und lass dich von den daraus entstehenden positiven Gefühlen anstecken!

So viel zu den physischen Praktiken der Selbstliebe. Kommen wir nun zum mentalen Aspekt, der mit Verantwortung zu tun hat - in dem Sinne, dass du dir selbst treu bleiben musst!

Sei empfänglich dafür, Schmerz zu empfinden und übernimm die Verantwortung für deine Gefühle!

Achte behutsam auf deine Atmung, um sicherzustellen, dass du in deinem Körper präsent bist und deine Gefühle zulässt. Das bedeutet, dass du auf deine Gefühle zugehen musst, statt vor ihnen davonzulaufen. Alle Gefühle können dich weiterbringen!

Widme dich dem Lernen über deine Gefühle! Dies betrifft auch solche, die dir Schmerzen bereiten. Nur wenn du diese kennst, kannst du liebevoll handeln. Du weißt dann, welche Gewohnheiten du ablegen musst und was du tun kannst, um dein Leben zu verbessern.

Lerne deine falschen Vorstellungen, Glaubenssätze und Ideen zu verstehen, denen du so lange nachgehangen hast!

Dies ist ein tiefgreifender emotionaler Prozess der Selbstfindung. Frage hierfür dein emotionales Ich: *„Was denke oder tue ich, dass mir Angst, Kummer, Zweifel, Depression, Scham,*

Eifersucht, ein geringes Selbstwertgefühl, Wut, Einsamkeit oder innerliche Leere bereitet?" Schöpfe diese Antworten aus deinem tiefsten Inneren - basierend auf deinem Instinkt und deinen wahren Gefühlen.

Welche Erkenntnisse hast du gewonnen? Behalte diese im Hinterkopf und erforsche nun dein Ego in Bezug auf die Ängste und falschen Überzeugungen, die all diesen selbstverleugnenden Gedanken und Handlungen zugrunde liegen.

Beginne ein Gespräch mit deinem inneren Selbst!
Das ist gar nicht so schwer, wie du denkst! Der Schlüssel hierfür ist, offen dafür zu sein, mehr über die Liebe zu dir selbst zu erfahren. Die Antworten können auf einmal oder mit der Zeit kommen. Sie können in Worten, Bildern oder Träumen erfolgen. Sobald dein Herz offen für Antworten ist, werden die Lösungen, die du suchst, dich finden - nicht umgekehrt.

Handle aus Selbstliebe
Mitunter glauben die Menschen, dass Selbstliebe etwas Negatives wäre. Doch wie bereits erwähnt, ist Selbstliebe ein elementarer Aspekt der Selbstentwicklung. Ein guter Weg, die Selbstliebe als das zu betrachten, was sie eigentlich ausmacht, ist diese schlicht zu praktizieren. *Was kannst du tun, um dich selbst zu lieben?* führt dich eher zum Ziel, als eine Frage wie *Wie kann ich Liebe für mich empfinden?*

An diesem Punkt hast du dich bereits für deinen Schmerz geöffnet, dich mit den Ursachen auseinandergesetzt, über dich selbst gelernt und auch verstanden, was du besser wieder verlernen musst. Du hast idealerweise bereits mit dem Verlernen dieser Dinge begonnen und auch ein Gespräch mit deinem inneren Selbst geführt. Du bist jetzt dabei, all die liebevollen Handlungen umzusetzen, die du zuvor identifiziert hast. Das beinhaltet Aktivitäten, die dich glücklich machen und deinen Körper positiv beeinflussen. Auch wenn deine Fortschritte anfangs noch so klein erscheinen mögen, werden diese mit der Zeit zu vielen positiven Gewohnheiten führen und dein Leben bereichern.

Überprüfe deine Handlungen und beginne bei Bedarf von vorn
Vergewissere dich, ob dein Schmerz, deine Wut und deine Scham allmählich heilen. Wenn nicht, wiederhole die vorangegangenen Schritte, bis du entdeckst, was dir Frieden, Freude und ein tiefes Gefühl von Selbstwert verleiht.

Mit der Zeit wirst du feststellen, dass die Liebe zu dir alles in deinem Leben verbessert - deine Beziehungen, deine Gesundheit und dein Wohlbefinden, dein Potenzial, deine Träume zu verwirklichen, und natürlich dein Selbstwertgefühl. Dich selbst zu lieben und mit dir selbst eins zu werden, ist der Schlüssel dazu, andere zu lieben, mit ihnen in Verbindung zu treten und liebevolle Beziehungen aufzubauen. Dich selbst zu lieben, ermöglicht dir, einem leidenschaftlichen, erfüllten, positiven, glücklichen und freudvollen Leben nachzugehen.

Nachdem wir nun die Selbstliebe in deinem Herzen und in deinem Kopf verankert haben, wollen wir uns wichtigen Fragen zuwenden, die du deinem potenziellen Online-Date stellen kannst - und zwar vor dem ersten realen Date!

Im Folgenden findest du interessante und aufregende Fragen, die du einem Mann online stellen kannst - von Standardfragen zum Kennenlernen bis hin zu tiefgründigen Fragen über das Leben. Seine Antworten auf diese Fragen helfen dir, die Denkweise, die Werte und die Überzeugungen deines Gegenübers zu verstehen. Falls er sich als jemand ausgibt, der er nicht ist, können dir diese Antworten Klarheit verschaffen!

Die brennendsten Fragen, die du einem Mann vor dem ersten Date stellen kannst

Grundsätzliches
Lass uns uns mit einigen grundlegenden Fragen beginnen. Diese bilden eine solide Grundlage für den weiteren Verlauf des Kennenlernens.

- Woher stammst du ursprünglich?

- Wo lebst du aktuell? Falls er dir seinen Wohnort nennt, solltest du ihm auch deinen nennen. Frage ihn, was ihm an diesem Ort gefällt und was er möglicherweise daran weniger mag, oder wie die Umgebung aussieht, in der er lebt.

- Hast du Geschwister, oder bist du ein Einzelkind? Hast du ein gutes Gefühl, solltest du ihm seine Gegenfrage ebenso beantworten.

- Hast du irgendwelche Haustiere, oder hättest du gern welche? Die Haustiere eines Mannes oder die Haustiere, die er gerne hätte, sagen viel über seine Persönlichkeit aus.

Fragen für ein besseres Kennenlernen
Dies sind simple, aber notwendige Fragen. Hiermit bekommst du einige Hintergrundinformationen über deinen potenziellen

Partner. Gib Acht, dass es sich nicht wie ein Interview anfühlt - niemand möchte das Gefühl haben, interviewt zu werden, wenn er nach einem potenziellen Seelenverwandten sucht.

- Sprichst du irgendwelche Fremdsprachen?
- Was gefällt dir an deinem Job am besten?
- Hast du einen Spitznamen?
- Welcher ist der Lieblingsort, an dem bereits warst?
- Hast du irgendwelche Tattoos?

Fragen zur Kindheit

Die Kindheit einer Person kann dir viel über sie verraten. Wenn du also über spannende und interessante Fragen nachdenkst, die du einem Mann stellen kannst, sind diese ein absolutes Muss! Vielleicht war er von der Sort Nerd? Oder vielleicht war er als Kind schon immer ein besonders Umtriebiger? Die folgenden Fragen werden dir helfen, seine Vergangenheit zu verstehen.

- Was ist deine schönste Kindheitserinnerung?
- Was wolltest du werden, wenn du groß bist?
- Was war dein Lieblingsfach in der Schule?
- Wer hatte als Kind den größten Einfluss auf dich?
- Wer war dein Lieblingslehrer und warum?

Persönliche Fragen

Mit den folgenden Fragen kannst du dich in ein intimeres Gebiet vorwagen. Falls das Gespräch bisher gut verlaufen ist, kannst du ihm nun diese Fragen stellen. Verstehe, was ihn antreibt!

- Was ist deine größte Angst?
- Stehst du deiner Familie nahe? Du solltest bedenken, dass sich manche Menschen nicht wohl dabei fühlen, über dieses

Thema zu sprechen, da das Verhältnis vielleicht angespannt ist. Du solltest also nicht drängen.

- Auf welche Errungenschaft bist du am meisten stolz?
- Was halten deine Freunde für deine beste Eigenschaft?
- Was hältst du für deine beste Eigenschaft?

Fragen zur Beziehungsgeschichte

Der Austausch von Infos über eure vergangenen Beziehungen ist ein wichtiger Meilenstein für jedes Paar. Warte damit jedoch, bis ihr euch beim Plaudern wohl fühlt, bevor du ihn nach seiner romantischen Vergangenheit fragst.

- Wann war deine letzte Beziehung?
- Bist du normalerweise derjenige, der Schluss macht?
- Was ärgert dich beim Dating?
- Würdest du dich als romantischen Menschen bezeichnen?
- Was ist das Romantischste, das du je getan hast?

Nur zum Spaß

Manchmal können ernste Fragen langweilig werden und das Gespräch wie ein Vorstellungsgespräch wirken lassen, etwas Lockerheit kann daher gut tun. Vergiss nicht, dass du dich mit ihm verabreden willst, du willst ihn nicht einstellen! Hab also keine Scheu davor, albern, lustig und sogar frech zu werden! Spaß zu haben ist der Schlüssel zu einer erfüllenden und gesunden Beziehung. Um die Stimmung aufzulockern, kannst du ihm ein paar dieser humorvollen Fragen stellen.

- Was bringt sich regelmäßig zum Lachen?
- Wenn du eine Superkraft haben könntest, welche wäre das?
- Hast du schon einmal ein Gespenst gesehen? Glaubst du an sie?

Fragen zum spirituellen Persönlichkeitstyp

Falls du auf der Suche nach einem Partner bist, der deinem Persönlichkeitstyp entspricht oder das Yin zu deinem Yang ist, falls du an Astrologie und Persönlichkeitstests glaubst, dann solltest du diese Fragen nutzen, um herauszufinden, was für ein Typ Mann dein potenzieller Partner ist.

- Was ist dein Tierkreiszeichen? Mit welchen bist du von Natur aus kompatibel?
- Wie drückst du deine Liebe aus?
- Glaubst du an Astrologie?

Fragen zu den Vorlieben

Wenn du jemanden kennenlernst, wird es interessant, seine Leidenschaften herauszufinden. Mit den folgenden Fragen kannst du herausfinden, was ihr beide gemeinsam habt.

- Was ist dein Lieblingsessen? Was ist ein schnelles Gericht, das du gerne kochst?
- Wenn du für den Rest deines Lebens nur drei Filme sehen könntest, welche würdest du wählen?
- Wenn du für den Rest deines Lebens drei Dinge essen könntest, welche wären das?
- Was ist dein Lieblingsbuch? Wer ist dein Lieblingsautor?
- Welches Getränk bestellst du am liebsten?
- Welche Fernsehsendung könntest du dir immer wieder ansehen, ohne dich zu langweilen?

Tiefgründige Fragen

Männer sind wie Zwiebeln. Du musst all ihre Schichten ablösen, um zu sehen, was in ihnen steckt. Diese tiefgründigen Fragen gehen der Sache auf den Grund!

- Glaubst du an ein Leben nach dem Tod?
- Über welches Thema könntest du stundenlang reden und würdest nie müde werden? Welches Thema kannst du leidenschaftlich und stundenlang diskutieren?
- Wenn du in der Zeit zurückgehen und neu anfangen könntest, mit dem Wissen, das du jetzt hast, würdest du es tun?
- Wer oder was inspiriert dich?
- Was sind die Mantras, nach denen du versuchst zu leben?

Flirt-Fragen

Falls du dich fragst, wie du mit deinem potenziellen Date online flirten kannst, helfen dir die folgenden Inspirationen, um einen Gang hochzuschalten.

- Wie war dein erster Eindruck von mir?
- Was gefällt dir daran, mit mir zu reden?
- Was hat dich dazu bewogen, mit mir zu chatten?
- Welches Kompliment würdest du mir in diesem Moment machen?
- Was würdest du tun, wenn wir dieses Gespräch persönlich führen würden?

Würdest du lieber?-Fragen

Es mag zwar kindisch klingen, aber diese Kategorie ist ein echter Eisbrecher! Gestalte die Optionen so albern oder ernst, wie du willst.

- Würdest du lieber das Buch lesen oder den Film sehen?
- Hättest du lieber die Fähigkeit zu fliegen oder unsichtbar zu sein?

- Würdest du lieber immer zu früh oder immer zu spät kommen?
- Würdest du lieber deine Zukunft oder die Vergangenheit von jemand anderem sehen können?
- Hättest du lieber ein Leben lang kostenloses Essen oder ein Leben lang kostenlose Flugtickets?

Denke daran, dass diese Fragen dazu da sind, eine lockere Atmosphäre zu kreieren und ihn bei der Stange zu halten - nicht um ihn in die Mangel zu nehmen! Widerstehe also der Versuchung, alle 55 Fragen non-stop zu stellen! Gehe subtil vor und baue sie so gut es geht in das Gespräch ein.

Bedenke die Vorteile, die dir so ein Gespräch mit deinem potenziellen Partner bietet! Denk aber auch daran, dass es viel sicherer ist, jemanden online näher kennenzulernen, bevor du ihn persönlich triffst, wenn es darum geht, ihm etwas auf den Zahn zu fühlen. Wenn du jemanden zunächst online kennenlernst, kannst du auf so manche unangenehme Situation bei einem normalen ersten Date verzichten. So kennt ihr euch schon etwas und habt beim späteren Treffen bereits eine Bindung zueinander.

Diese Strategie ist auch superbequem, weil es weniger Druck gibt und du einfach bequem von deinem Bett aus mit deinem potenziellen Partner chatten kannst. Virtuelle Kennenlernen reduzieren den Stress - und du kannst das Ruder des Gesprächs selbst in die Hand nehmen!

Identity

Actual Sorry Identity

Future Positives

My-mindguide.com

Kapitel Fünf

SEI NICHT NAIV

Online-Dating, ein Wischer nach links, einer nach rechts, mag der schnellste Weg zur Liebe oder etwas Zweisamkeit sein. Bis du jedoch sicher sein kannst, den Jackpot gewonnen zu haben, solltest du die Augen offenhalten und nie alles glauben, was so geschrieben steht - lass immer Raum für Zweifel! Denke daran, dass du der Kapitän dieses Schiffes bist! Du allein weißt, was du willst und worauf es ankommt. Manchmal begegnest du Menschen, die dich dazu bringen, der Partnersuche komplett abzuschwören, aber letzten Endes gibst du der Sache doch immer wieder einen neuen Versuch. Damit dies nicht zukünftig erneut erfolglos verläuft, solltest du ein paar Dinge im Auge behalten.

Sei froh über die Möglichkeit des Online-Dating, , auch wenn du all die Nieten satt hast, die du zunächst aussortieren musst. Dasselbe gilt auch für die Herzensbrecher, die dir nicht guttun. Auch wenn deine verheirateten Freundinnen eine andere Meinung darüber vertreten sollten, solltest du dich nicht entmutigen lassen. Menschen online zu treffen ist eine Sache, aber sie wirklich kennenzulernen erfordert einen erheblichen Aufwand. Der Aufstieg von Tinder als die Dating-Plattform überhaupt, hat die Frequenz potentieller Partner stark erhöht. Früher war es die Norm, lange Profile zu lesen, aber jetzt schauen sich die Leute nur ein paar Sekunden lang ein Profil an, bevor sie entscheiden, ob sie die Person disliken oder als potenziellen Partner in Betracht ziehen wollen. Die meisten Apps versehen die Profile mit einem Zeitstempel, so dass du sehen kannst, wann sich eine Person zuletzt eingeloggt hat. So kannst du zum Beispiel herausfinden, ob der Mann, mit dem du gestern Abend verabredet warst, nach anderen Frauen gesucht hat, während du bei eurem ersten Date auf die Toilette gegangen bist.

Online-Dating ist eine tolle Möglichkeit, interessante Leute kennenzulernen, aber die vielen Möglichkeiten bergen auch viel Negativpotenzial. In jedem Fall ist es eine Möglichkeit, den Richtigen zu treffen. Online-Dating kann sich zudem auf deinen Umgang mit Fremden im echten Leben auswirken: Du wirst sicherer darin, zuerst Hallo zu sagen und schnell ein Gespräch zu initiieren. Wenn du erst einmal ein stundenlanges Gespräch mit einem Fremden online führen kannst, ist es nicht mehr weit bis zu einem spontanen Gespräch in der Warteschlange, im Job oder während eines Hobbys.

Zwar solltest du deine Zweifel nicht gänzlich ablegen, aber auch daran denken, dass Liebe eben Verletzlichkeit erfordert. Du musst einen Weg finden, deinen Schutzpanzer abzulegen, auch beim Online-Dating - denn nur so beginnt eine tiefe Bindung.

Online-Dating mag vieles vereinfacht haben, aber es hat nichts an der Herausforderung der emotionalen Intimität und Verletzlichkeit geändert, die eine tiefe Bindung mit sich bringt.

Es bedeutet, dass du dir und deinem Partner erlaubst, eine Art von Verletzlichkeit zu zeigen, die mitunter als Zeichen von Schwäche angesehen wird.

Ich möchte eine Geschichte über eine Bekannte von mir mit dir teilen. Sie traf sich mit einem Mann, den sie auf Bumble kennengelernt hatte, doch nach zwei Dates sagte der Mann, mit dem sie verabredet war, das dritte Date ab. In einer Nachricht beschrieb er, wie er von einem Wochenendausflug nach Hause kam und seine beste Freundin weinend in seiner Wohnung vorfand, die ihm ihre unendliche Liebe zu ihm gestand. Er gab auch zu, dass er schon lange in sie verliebt war. „Können wir Freunde sein?", fragte er meine Bekannte daraufhin. Sie war wütend und lehnte seinen Vorschlag ab. Diese Geschichte zeigt: Wenn es mit jemandem, den du online kennengelernt hast, nicht klappt, hat das wahrscheinlich weniger mit dir zu tun, sondern eher mit den vielen Jahren Erfahrung, die die Person im echten Leben zuvor gesammelt hat, bevor du sie kennengelernt hast.

In dieser Geschichte hätte die Situation anders verlaufen können, wenn meine Bekannte ihre Online-Bekanntschaft zuvor überprüft hätte. Bevor es ernst wird, solltest du deine Verabredung fragen, ob es in seinem Leben irgendwelche Sandkastenfreundinnen, beste Freundinnen, Beziehungen im Ruhestadium oder ähnliches gibt. Vergewissere dich, dass er keine wichtigen Frauen in seinem Leben hat, bevor du dich ihm gegenüber verletzlich zeigst oder deine Gefühle für ihn intensivierst.

Menschen, die online schon Schwächen zeigen, werden nicht auf magische Weise besser und bringen eine andere

Persönlichkeit mit, wenn ihr euch real trefft. Rede dir nicht ein, dass er nur ein schlechter Texter ist oder nicht weiß, wie er seine Gefühle ausdrücken soll. Wenn er dich mag und eine Zukunft mit dir aufbauen will, würde er sich die nötige Mühe geben. Warum solltest du dir also die Mühe machen, einen Mann zu treffen, der dich nicht mit Worten fesselt oder sich die Mühe macht, dir zu zeigen, dass er interessiert ist? Dieser Typ wird nichts bewirken, außer dich verzweifeln zu lassen oder an dir selbst und deinem Selbstwert zu zweifeln. Hake eine solche Bekanntschaft frühzeitig ab und selektiere so viel, wie du kannst. Wenn du spürst, dass die Magie schwindet, mach ein heißes Profilbild und sieh zu, wie man wieder auf dich zukommt.

Diejenigen, an denen du frühzeitig zweifelst, entpuppen sich auch später nie als Männer, die du persönlich kennenlernen willst. Verschwende also nicht deine Zeit. Wenn sie dich nicht interessieren, lösche diese Bekanntschaften.

Das Timing ist genauso wichtig wie die Kompatibilität. Theoretisch sollte es einfach sein, online eine Beziehung aufzubauen, denn die Menschen, denen du dort begegnest, wollen auch eine. Schließlich ist das der Sinn der Sache. In der Praxis reicht gegenseitiges Interesse jedoch nicht aus - ihr müsst auch gleichzeitig die gleiche Art von Beziehung aufbauen wollen.

Die erfolgreichste Beziehung, die aus dem Online-Dating hervorgeht, entsteht, wenn zwei Menschen offen über ihre Ziele sprechen. Sei vorsichtig. Manche Männer wollen vielleicht nur Sex, während du eine stabile Beziehung anstrebst. Manche sind auch einfach nur fasziniert von der Tatsache, dass du eine beeindruckende Persönlichkeit bist, und würden gerne mal eine Kostprobe von dir bekommen. Manche wollen nur sehen, wie du dich verrennst, um bestätigt zu bekommen, dass du gar nicht so toll bist. Halte dich von solchen Männern fern. Alles wird einfacher, wenn Gewissheit besteht, dass ihr beide das Gleiche wollt.

DER SACHE AUF DEN GRUND GEHEN

Es ist unbedingt erforderlich, die Person, mit der du dich triffst, vorab genauer zu prüfen. Damit meine ich nicht, dass du sie auf Schritt und Tritt stalken sollst. Ich meine damit vielmehr, dass es wichtig ist, zu verifizieren, ob das Objekt deiner Begierde die Wahrheit sagt. Mit einer kurzen Google-Suche kannst du herausfinden, ob er an dem Ort arbeitet, den er dir genannt hat, ob er überhaupt berufstätig ist, ob sein Name stimmt oder ob öffentlich etwas Belastendes über ihn vorliegt. Dabei kommt es darauf an, dass du bei diesen Recherchen diskret vorgehst. Zu tief zu graben, nur um deine Neugier zu befriedigen, kann hinderlich sein.

Einige Dating-Experten sind der Meinung, dass du nur ein Minimum an Nachforschungen anstellen solltest, um deine Sicherheit zu gewährleisten. Sie raten davon ab, zu intensiv nachzuforschen, damit du unvoreingenommen bleibst. Falls du etwas Überraschendes entdeckst, könnte das dazu führen, dass du die Chance auf ein Treffen mit einem vielleicht nicht gänzlich perfekten, aber doch sehr menschlichen Mr. Right ausschlägst. Wenn du dir über offensichtliche Probleme Sorgen machst, überprüfe das Register für Sexualstraftäter in seiner Region, um sicherzugehen, dass du es nicht mit einem Vorbestraften zu tun hast.

Falls du es eilig hast und verlässliche Daten brauchst, um eine schnelle Entscheidung über eine Person zu treffen, die du gerade erst kennengelernt hast, dann brauchst du gebündelte Informationen. Bestimmte Websites kombinieren öffentliche Daten wie das Vorstrafenregister einer Person, öffentliche Eintragungen, Heirats- und Vermögensaufzeichnungen mit Informationen aus all ihren sozialen Medien, um einen verlässlichen Überblick über jemanden zu ermöglichen, an dem du interessiert bist.

Was kannst du tun, wenn du bei deinen Nachforschungen keine Informationen finden kannst? Auch für diesen Fall gibt es ein paar trickreiche Methoden, um der Person, für die du dich interessierst, auf die Schliche zu kommen. Angenommen, du suchst verzweifelt nach Informationen, willst seine Reaktionen auf eine bestimmte Situation testen oder einen ehrlichen Weg finden, mehr über ihn zu erfahren. In diesem Fall kannst du ein gefälschtes Profil erstellen, um ihn als neue Bekanntschaft anzusprechen. Allerdings befindest du dich damit definitiv auf dünnem Eis, ich würde dies nicht empfehlen! Habe stattdessen Geduld, bis du mehr Anhaltspunkte hast, oder riskiere alles und frage ihn einfach offen und gerade heraus. Vielleicht hat er sich einfach bewusst dafür entschieden, sich im Internet zurückzuhalten und die sozialen Medien zu meiden. Recherchiere einfach nur genug, um ein erforderliches Minimum an Sicherheit zu gewährleisten.

The Beauty of Forgiveness
and Selfforgivness is to reconnect
and start being a Helper

ANALYSIERE FREUNDE & FAMILIE DEINER BEKANNTSCHAFT

Wenn du dich für ein Date verabredest, solltest du seine Freunde und die Familie näher beleuchten. Manche Dates verlaufen so angenehm, dass er dich schnell zu einem Treffen mit seinen Freunden einlädt oder dich seiner Familie vorstellt. Dennoch hat das nicht zwingend viel zu bedeuten. Du kannst dich mit der Familie und den Freunden eines Mannes anfreunden, aber wenn er nicht bereit ist, sich zu binden oder nicht zu dir passen sollte, ist das alles sinnlos.

Die Art der Freunde, die eine Person hat, sagt viel über sie aus. Die meisten Entscheidungen, die wir im Leben treffen, werden von Freunden und Familie beeinflusst. Diese Entscheidungen können entweder bewusst oder unbewusst getroffen werden. Sogar deine Online-Bekanntschaften in den sozialen Medien beeinflussen dein Leben. Deshalb empfehle ich dir, seine Freunde und seine Familie zu überprüfen, wenn du die Gelegenheit dazu hast, denn das wird dir viel über seine Persönlichkeit und Sozialisierung verraten

Die Forschung zeigt, dass Freunde enorm relevant für unser psychisches Wohlbefinden sind. Freunde bringen mehr Glück in unser Leben als fast alles andere, denn Freunde geben uns Halt. Freundschaften haben großen Einfluss auf unsere psychische Gesundheit, unser Verhalten, unsere Gewohnheiten und unser Lebensglück. Gute Freunde können Stress abbauen, Trost und Freude spenden, neue und gesunde Gewohnheiten hervorbringen und Einsamkeit verhindern.

Enge Freundschaften können sich zudem positiv auf deine körperliche Gesundheit auswirken. Ein enges Netzwerk von Freunden kann dich zu mehr Bewegung, gesunder Ernährung und vitalen Gewohnheiten ermutigen. Jemand, dem es an sozialen Kontakten mangelt, kann deshalb zu schlechten Angewohnheiten neigen, z. B. zum Rauchen, zu starkem Alkoholkonsum oder einem inaktiven Lebensstil. Einige Studien haben sogar festgestellt, dass Freunde mit der Lebenserwartung korrelieren können. Eine schwedische Studie fand heraus, dass neben körperlicher Aktivität auch ein gesundes Netzwerk von Freunden das Leben um viele Jahre verlängern kann.

Wenn dir also jemand, den du magst, erzählt, dass alle seine Freunde Frauenhelden sind und nur er ein treuer Mensch ist, dann glaube ihm kein Wort! Wenn er dir erzählt, dass alle seine Freunde rauchen und er der einzige ist, der nicht raucht, dann lügt er dich vermutlich ebenso an. Enge Freundschaften entstehen nun mal durch Gemeinsamkeiten.

Woran erkennst du, dass ein Mann gute Freundschaften pflegt und deren Qualität mit deinen Vorstellungen übereinstimmt?

Falls er Freunde hat, die seine Stimmung verbessern, nachdem er mit ihnen gesprochen hat, er sich hierdurch entspannt und gut fühlt, ist dies ein sehr positives Zeichen.

Sie helfen ihm, seine Ziele zu erreichen, unterstützen ihn und haben auch Ziele, die seinen ähneln. Es spielt keine Rolle, ob man versucht, fitter zu werden, das Rauchen aufzugeben oder das Leben anderweitig zu verbessern - die Ermutigung durch gute Freunde kann die Willenskraft deines potenziellen Kandidaten stärken und die Erfolgschancen eurer Beziehung somit erhöhen.

Das erinnert mich an eine Geschichte. Eine Bekannte traf sich mit einem Mann, nachdem sie monatelang online Kontakt hatten. Als es so weit war, entpuppte er sich jedoch als Überraschung. Er sah kleiner aus, als er online angab, was bewies, dass er über seine Größe gelogen hatte. Dennoch war er ein großartiger Gesprächspartner und ließ das Date so reibungslos verlaufen, dass sie es trotzdem mit ihm versuchen wollte. Er schien ein großer Menschenfreund zu sein und war stets mit Freunden zusammen, doch es gab ein Problem. Seine Freunde redeten unentwegt schlecht über Dritte, wenn sie beisammen waren. Als meine Bekannte an diesem Abend auf seine Freunde traf, fühlte sie sich rasch unwohl und nahm an, dass diese Freunde auch schlecht über sie reden würden, sobald sie nicht länger anwesend sein würde.

Also beschloss sie, zu testen, ob das der Fall sein würde. Sie schaltete die Aufnahmefunktion ihres Handys ein, ließ dieses in der Nähe des Tisches und stand auf, um auf die Toilette zu gehen. Als sie zurückkam, bemerkte sie, dass sich die Stimmung verändert hatte. Es herrschte eine seltsame Atmosphäre und ihr vermeintliches Date konnte ihr nicht länger in die Augen sehen, wenn sie mit ihm sprach.

Kurze Zeit später spielte sie die Aufnahme mit eingesteckten Kopfhörern ab. Sie musste mit anhören, wie auch ihr Date schlecht über sie sprach. Er sagte, sie sei zu kompliziert und es wäre nicht leicht, sie ins Bett zu kriegen. Seit sie sich kennengelernt hatten, hätten sie sich nur geküsst und sie weigere sich, mehr zu tun. Auch seine Freunde machten abfällige Bemerkungen über sie. Meine Bekannte behielt die Fassung, nahm ein Taxi nach Hause und blockte den Kerl am noch am selben Abend, ohne eine Erklärung abzugeben. So wurde klar, dass die Freunde eines Mannes zum Erfolg oder Misserfolg einer Beziehung beitragen können.

Es zeigt sich schnell, ob ein Mann aus einem positiven Umfeld kommt und gesunde Freundschaften und Beziehungen pflegt. Hat er Freunde, mit denen er seine Probleme teilen kann und Freunde, die ihn unterstützen? Auch wenn es darum geht, jemanden zu haben, mit dem man seine Sorgen teilen kann, können gute Freunde einem Menschen helfen, mit einer schweren Krankheit, dem Verlust des Arbeitsplatzes oder eines geliebten Menschen, dem Zerbrechen einer Beziehung oder anderen Herausforderungen im Leben fertig zu werden. Sind die Freunde in seinem Umfeld in der Lage, das umzusetzen? Scheinen sie die Art von Menschen zu sein, die einem Freund durch eine schwere Zeit helfen würden? Wie verhält sich seine Familie? Wie sieht deren Unterstützung aus? Sind sie die Art von Menschen, die einander im Alter unterstützen? Oder bei Entscheidungen, die das Leben verändern? Bei schweren Krankheiten?

Gute Freunde stärken das Selbstwertgefühl eines Menschen, denn Freundschaft beruht auf Gegenseitigkeit, und diese Wechselwirkung trägt zum Selbstwertgefühl bei. Schau dir also das Selbstwertgefühl seiner Freunde oder der Menschen in seinem Umfeld an. Sind sie glücklich, für ihn da zu sein? Fühlt er sich wohl, wenn er für seine Freunde da sein kann? Geben sie ihm ein Gefühl der Sinnhaftigkeit und das Gefühl, gebraucht zu werden?

Manchmal wird das Leben wegen der Freundschaften um uns herum besonders lebenswert. Menschen zu haben, die dich begleiten und unterstützen, kann dir einen positiven Impuls geben, wenn du älter wirst und mit Depressionen, Krankheiten oder sonstigen Schwierigkeiten zu kämpfen hast.

Nichts als Online-Freunde

Manche Menschen geben an, dass sie im echten Leben keine Freunde haben, was auch der Grund für ihre Onlinepräsenz sei. Wenn man online Freunde findet und sich dennoch weigert, sie persönlich zu treffen, ist das jedoch ein Warnsignal.

Wenn ein Mann dir sagt, dass er nur Online-Freunde hat und es keinen Freund in seinem Leben gibt, den du real kennenlernen könntest, sollte das immer ein Warnsignal sein. Wahrscheinlich gibt es ein Problem, das er dir nicht gestehen will. Technologie hat die Definition von Freundschaft in den letzten Jahren für viele verändert. Mit einem Klick kannst du einen Freund hinzufügen oder eine neue Verbindung schaffen. Aber Hunderte von Online-Freunden zu haben, ist in keiner Weise vergleichbar mit einem engen Freund, mit dem du persönlich Zeit verbringen kannst. Online-Freunde können dich nicht umarmen, dir in Krisenzeiten Trost spenden, für dich da sein, wenn du sie brauchst, dir helfen, wenn du allein bist, oder dich besuchen, wenn du krank bist.

Für uns Menschen ist die wichtigste und einflussreichste Verbindung die, die wir von Angesicht zu Angesicht mit einer Person oder einer Gruppe erleben. Es ist also bemerkenswert, wenn jemand behauptet, dass er ausschließlich Online-Freunde hat. Dies könnte bedeuten, dass eine solche Person sich leicht von anderen löst und so nur Kontakte unterhält, mit denen keine so starke Bindung entsteht, dass daraus der Wunsch nach einem realen Kennenlernen erwachsen könnte.

Solch eine Person hat Schwierigkeiten, sich mit dir im echten Leben zu verbinden. Entweder wird er die Beziehung online künstlich in die Länge ziehen und somit realen Begegnungen auszuweichen oder den Kontakt gänzlich abbrechen. Ein Mann, der dich mag, sollte darauf erpicht sein, dich zu real zu treffen.

Mr. Right sollte also ein gesundes Sozialleben unterhalten, insbesondere zu guten Freunden und seiner Familie.

Seine Freunde sollten Menschen sein, denen du vertraust und bei denen du dich ebenso sicher fühlst. Am wichtigsten ist, dass du auf deine Intuition vertraust, wenn du seine Freunde triffst. Vergewissere dich, dass er sich mit Menschen umgibt, offen und ehrlich miteinander sind, ohne zu lästern. Freunde sollten stets bereit sein, sich gegenseitig auszusprechen.

Falls er gute Freunde hat, wirst du einige spezifische Eigenschaften an ihm bemerken. Hier sind einige Beispiele dafür aufgeführt:

Er zeigt ein echtes Interesse an dir.

Er wird sich dafür interessieren, was in deinem Leben vor sich geht, was du zu sagen hast und wie du denkst und fühlst. Er wird diese Dinge berücksichtigen, weil seine Freunde entweder das Gleiche tun oder weil seine Familienmitglieder dies ebenso praktizieren. Das zeigt dir, dass er zu einem gesunden Sozialleben fähig ist.

Er akzeptiert dich so, wie du bist.

Er hört dir zu, ohne zu urteilen, weil er aus einem Umfeld kommt, in dem dies ebenso praktiziert wird. Er versucht nicht, dir vorzuschreiben, wie du denken, fühlen oder reagieren sollst, und er versucht auch nicht, krampfhaft das Thema zu wechseln, wenn ihr euch über ein heikles Thema unterhaltet. Er fühlt sich wohl dabei, Dinge über sich mit dir zu teilen, erzählt dir schnell Anekdoten von seinen Freunden, wenn du danach fragst, und teilt seine Erfahrungen mit dir. Da Freundschaft wechselseitig funktioniert, sind seine Freunde und seine Familie auch Menschen, die er bereitwillig unterstützt und akzeptiert und Vertrauen und Loyalität ebenso schätzen.

Was wirklich zählt ist, wie du dich in einer Beziehung fühlst - nicht wie perfekt, schön oder inszeniert sie äußerlich scheint, dasselbe gilt für seine Freundschaften. Wenn du diese so betrachtest, stelle dir folgende ehrliche Fragen:

1. Wie fühle ich mich, nachdem ich Zeit mit ihm und seinen Freunden verbracht habe?
2. Was denke ich über seine Familie?
3. Fühle ich mich besser, nachdem ich Zeit mit ihnen verbracht habe?

4. Gefällt mir die Art, wie sie miteinander umgehen?
5. Sind sie aufgeschlossene Menschen?
6. Freue ich mich darauf, sie zu sehen?
7. Wie war er im Umgang mit seinen Freunden?
8. Habe ich gespielt, um mich anzupassen, oder war ich ganz ich selbst?
9. Fühle ich mich sicher, oder habe ich das Gefühl, dass ich aufpassen muss, was ich in ihrer Gegenwart sage und tue?
10. Unterstützt er mich und sorgt dafür, dass ich mit Respekt behandelt werde?
11. Sind das Menschen, denen ich vertrauen kann?

Fazit: Wenn die Beziehung zu seinen Freunden und seiner Familie einen gesunden Eindruck auf dich macht, dann vertraue deinem Gefühl. Falls man jedoch versucht, dich zu kontrollieren, dich grundlos zu kritisieren, dich in Gesellschaft zu jemandem zu machen, der du nicht bist, gefühllos auftritt oder negative Einflüsse in dein Leben einbringt, dann ist es an der Zeit, neu zu evaluieren und zu erkennen, dass dieses Umfeld keines ist, das du um dich haben willst. Gesunde Beziehungen erfordern nicht, dass du deine Werte opferst.

My-mindguide.com

The Beauty of Forgiveness
and Selfforgivness is to reconnect
and start being a Helper

Kapitel Sieben

HALTE IN ALLEN BEREICHEN NACH WAHRER LEIDENSCHAFT AUSSCHAU

„Leidenschaft ist das Genie eines jeden Genies" –Galileo Galilei

Der Stellenwert wahrer Leidenschaft ist unbestritten, aber es kann auch eine Herausforderung sein, damit umzugehen. Für jemanden, der weniger dynamisch ist, kann dies zum Problem werden, falls er mit dir nicht Schritt halten kann.

Leidenschaft ist eine gute Sache. Sie zeugt von einem aktiven Geist, aber wie bei allen guten Dingen kann zu viel davon auch schädlich sein. Allerdings sind Anzeichen von Leidenschaft zunächst einmal als positiv zu bewerten. Es zeigt, dass ein Mensch keine psychischen Probleme mit sich rumträgt, denn Menschen mit Depressionen sind tendenziell leidenschafts- und antriebslos. Leidenschaftliche Menschen leben insgesamt glücklicher als der Durchschnitt.

Leidenschaft gibt uns einen tieferen Sinn, aber noch mehr als das: Wir haben das Gefühl, dass wir ein Ziel verfolgen.

Leidenschaft ist nicht nur eine Frage des Wissens, sondern auch der Beständigkeit. Das macht Leidenschaft so bedeutsam: Sie gibt uns das Gefühl, dass wir auf dem richtigen Weg sind, und lässt uns auf eine zufriedene, vielversprechende und aufregende Zukunft hoffen. Leidenschaftliche Menschen führen ein anderes Leben als ihre weniger enthusiastischen Pendants.

Folgende Anzeichen sprechen für eine leidenschaftliche Persönlichkeit:

Leidenschaftliche Menschen beginnen ihren Tag früh am Morgen

Sie sind Frühaufsteher. Leidenschaftliche Menschen sind viel zu dynamisch, um den halben Tag zu verschlafen. Es ist nicht so, dass sie nicht gerne ausschlafen, sie würden nur viel lieber ihren Leidenschaften nachgehen, wenn sie die Wahl haben. Sobald der Hahn kräht, sind ihre Gedanken geprägt von Geistesblitzen und Enthusiasmus für den kommenden Tag.

Selbst wenn das Projekt oder die Aufgabe, an der sie gerade arbeiten, sie nicht begeistert, treiben ihre Zukunftspläne und ihre Leidenschaft für das, was sie tun, sie ziemlich schnell aus dem Bett. Bei leidenschaftlichen Menschen dreht sich alles ums Tun, und man kann eben nicht viel bewirken, wenn man den halben Tag im Bett verbringt und schläft. Überprüfe die Schlafgewohnheiten deines Dates. Liegt er immer nur schlafend herum und hat nichts, worauf es sich freuen kann? Wenn das der Fall ist, dann weißt du, dass du es mit einem leidenschaftslosen Menschen zu tun hast.

Leidenschaftliche Menschen sind oft besessen
Leidenschaftliche Menschen sind Besessene. Sie sind fasziniert von ihrer Muse, ihrem Projekt oder ihrer Aufgabe. Eine solche Form der Besessenheit ist immer positiv zu bewerten.

„Tu, was du liebst, und du wirst keinen einzigen Tag in deinem Leben arbeiten."

Ein Zitat, das auf einen solchen Menschen passt! Er fühlt sich dadurch nicht unter Druck gesetzt oder belastet, sondern ist schlicht immer begeistert davon, seinen Zielen nachzugehen. Ein solcher Mensch ist besessen von seiner Inspirationsquelle, weil sie sie motiviert.

Leidenschaftliche Menschen sind aufgeregter als der Durchschnittsmensch
Kennst du diese Typen, denen es wahrscheinlich sogar egal wäre, wenn alles um sie herum brennen würde? Leidenschaftliche Menschen sind das glatte Gegenteil davon, sie stehen stets unter Strom und neigen nicht zu Gleichgültigkeit. Deshalb sind sie häufiger aufgeregt und bleiben auch länger so. Eine Theorie besagt, dass sie ihre Energie nur auf ein oder zwei Dinge gleichzeitig verwenden, so dass es für sie einfacher ist, Fortschritte zu machen. Dieser Schwung treibt ihre Begeisterung an.

Leidenschaftliche Menschen neigen zu Wutausbrüchen, weil sie emotionaler sind
Genauso wie leidenschaftliche Menschen sich leicht faszinieren lassen, können sie manchmal auch launisch wirken. Sie können von begeistert und aktiv zu wütend, genervt und unglücklich

wechseln. Als leidenschaftliche Menschen sind sie emotional viel stärker mit dem verbunden, was um sie herum passiert oder was sie gerade tun. Wenn es ihnen gut geht, wird ihre Welt zu einem wunderschönen Ort. Wenn jedoch etwas schiefläuft, reagieren sie auch manchmal mit Schmerz, Wut und starken Gefühlen.

Sie sind furchtlos und risikobereit

Leidenschaftliche Menschen haben in der Regel eine klare Vorstellung davon, was ihr Lebensziel ist, aber gleichzeitig sind sie bereit, für dieses Ziel alles zu geben, auch wenn es nur für einen Moment ist. Aus diesem Grund können sie anderen Dingen in ihrem Leben weniger Bedeutung beimessen. Deshalb sind sie bereit, für die Dinge, für die sie sich begeistern, Risiken einzugehen. Sie sind also auch immer imstande, etwas aufzugeben, das nicht mit ihren Leidenschaften übereinstimmt.

Sie widmen ihr Leben ihren Träumen

Leidenschaftliche Menschen bereichern ihr Leben ständig mit Dingen, die es wert sind, erledigt zu werden, und schieben Dinge beiseite, die einen geringeren Wert versprechen. Oft scheint alles andere hinter ihren Zielen zurückzustehen, selbst die Menschen, die sie lieben, manchmal sogar Familie und Freunde. Diese Menschen bewegen sich sukzessive auf ihre das Ziel ihrer Leidenschaft zu und weg von anderen Dingen, die das Leben zu bieten hat. Sie wissen, was sie glücklich macht und sind bereit, alles andere zu ignorieren.

Leidenschaftliche Menschen machen sich keine Sorgen um ihre Work-Life-Balance, da sie sich über ihr Projekt definieren. Sie sind leidenschaftlich bei der Arbeit. Für sie ist es das Normalste der Welt, sich in ihre Arbeit zu vertiefen, weil sie nichts anderes lieber täten. Sie erfreuen sich an ihrem beschäftigten Geist und sind entschlossen, ihre Träume zu leben. Sie genießen es, von ihrer Arbeit eingenommen zu werden, über diese zu sprechen und stolz auf ihre Leistungen zu sein.

Die Leute sagen, es sei nicht gut, Arbeit mit nach Hause zu nehmen. Aber für die leidenschaftlichsten Menschen ist die Arbeit ihr Zuhause. Diese Menschen können ihr Privatleben nicht von ihrem Arbeitsleben trennen, denn für sie ist beides untrennbar miteinander vereint. Es fällt ihnen leicht, denn es fühlt sich nicht wie Arbeit an. Wenn sie arbeiten, fühlen sie sich lebendig.

Sie müssen unentwegt über ihre Projekte sprechen
Diese Sorte Mensch ist stets mit Begeisterung dabei, wenn es darum geht, ihre laufenden Projekte anderen mitzuteilen. Du willst das vielleicht nicht immer hören, aber es ist oft schön, mit einbezogen zu werden. Du solltest dir seine Leidenschaften anhören und diese teilen, weil euch dies auf die gleiche Wellenlänge bringen kann. Insgesamt ist es schön, mit leidenschaftlichen Menschen zusammen zu sein, denn sie unterhalten sich über ihre Leidenschaften und verschiedene Dinge, die ihnen wichtig sind, egal ob es um Musik, Sport, Essen, Kunst oder Autos geht. Ihre Gespräche drehen sich immer um ihre Leidenschaften und Wünsche.

Ihre Devise lautet „Alles oder nichts!"
Sie sind oft nicht die Besten, wenn es darum geht, alle Aktivitäten ihres Lebens unter einen Hut zu bringen, jedoch

außergewöhnlich ehrgeizig und bereit, alles zu tun, um ihre Träume zu verwirklichen. Sie lieben den Fortschritt und das schnelle Vorankommen im Leben motiviert sie dabei ungemein. Sie wissen, dass die meisten Menschen eher zögerliche Zweifler sind, also marschieren sie mit voller Kraft auf ihre Träume zu. Kritik und Skepsis schüren nur ihr Feuer. Sie geben niemals auf. Manchmal geht ihnen die Energie aus und sie brauchen eine Pause, aber sie stehen immer wieder auf.

Ihre Zukunftsgedanken sind stets positiver Natur

Ihr Blick ist immer nach vorne gerichtet - immer auf die nächste große Gelegenheit oder das nächste große Projekt. Sie schauen auf das, was getan werden kann, anstatt sich mit den gegenwärtigen Umständen aufzuhalten. Das ist gut und schlecht zugleich, denn es könnte so wirken, als wären sie unzufrieden. Schließlich denken sie ständig über ihren nächsten Schritt nach, ohne sich die Zeit zu nehmen, durchzuatmen und ihre Erfolge zu genießen.

Das Beste an ihnen ist, dass ihre Ergebnisse immer beeindruckend ausfallen. Sie haben immer etwas, auf das sie sich freuen können, und ihre Begeisterung und ihr Enthusiasmus sind ansteckend, weil sie sich darauf freuen, etwas zu bewegen.

Ein leidenschaftlicher Mensch bringt kostbare Energie mit sich, trägt dazu bei, Veränderungen zu bewirken und die Richtung vorzugeben, denn Leidenschaft schafft die Voraussetungen dafür.

Ein leidenschaftlicher Mensch kann die Welt für andere völlig verändern. Leidenschaft ist fantastisch und verheißungsvoll und die Liebe zu einem leidenschaftlichen Mann kann eine erfüllende Angelegenheit sein. Deshalb rate ich dir, in allen Bereichen danach Ausschau zu halten!

Du hast nun die Kerneigenschaften von leidenschaftlichen Menschen studiert. Wie wirkt es sich also aus, wenn du einen leidenschaftlichen Mann liebst?

Welche sind die Vorteile der Liebe zu einem leidenschaftlichen Mann?

„Leidenschaft ist verdammt erregend. Einen Mann zu sehen, der das tut, wofür er brennt, ist so sexy, wie man es sich nur vorstellen kann." - Unbekannt.

Leidenschaftliche Männer gibt es in allen Berufen. Sie können Köche, Banker, Ärzte, Modedesigner, Schriftsteller oder sonstwas sein. Alle leidenschaftlichen Männer lieben das Leben und genießen es, Dinge zu tun, die ihnen ein Gefühl der Erfüllung vermitteln. Sie gehen auf ein Ziel zu und sind ständig fokussiert auf das Leben und die Möglichkeiten, die es ihnen bietet. Sie streben aktiv nach Dingen, die sie für kostbar halten. Ihre Augen strahlen, wenn sie etwas tun, das sie fasziniert. Ihre feurige Leidenschaft lässt sie erfolgreich wirken, und das macht sie so unwiderstehlich.

Leidenschaftliche Männer lieben das Leben und investieren alles in ihre Mission. Darüber hinaus geben sie sich nicht mit Mittelmäßigkeit zufrieden. Sie wollen, dass alles, was sie anpacken, genauso wird, wie sie es sich vorgestellt haben, und sie werden so lange daran feilen, bis das der Fall ist. Das kann unglaublich bewundernswert sein, denn es bedeutet, dass sie auch alles tun, um sicherzustellen, dass du zufrieden und glücklich bist. Sie werden alles in ihrer Macht stehende tun, um der beste Partner zu sein, den du je hattest.

Zudem sind sie wissbegierige Wesen. Leidenschaftliche Männer interessieren sich immer für das, was du zu sagen und zu tun hast, und das nicht als Vorwand. Sie sind tatsächlich an dir interessiert, und dass nicht nur beim ersten Date, sondern auch danach. Beachte, dass sie immer darauf achten, dich nach deinem Tag zu fragen, bevor du überhaupt daran denkst, über diesen zu sprechen.

Du wirst sie nie dabei ertappen, dass sie dir keine Aufmerksamkeit schenken, wenn du mit ihnen sprichst, denn sie sind neugierig darauf, wie es in deinem Kopf aussieht. Sie wollen wissen, was in dir vor sich geht, damit sie erkennen, was erforderlich ist, um dein Leben aktiv zu verbessern. Sobald sie merken, dass du nicht in bester Stimmung bist oder dich nicht gut fühlst, suchen sie nach einem Weg, um diesen Umstand zu verändern, denn das liegt ihnen im Blut.

Sie fragen dich aktiv, was sie tun können, um dein Leben zu verbessern. Sie versuchen alles, um dich glücklich zu machen, und wenn sie einmal den Dreh raus haben, hören sie nicht mehr auf, sondern verbessern sich in jeder Hinsicht weiter.

Sie sind mutige Menschen und haben nie Angst, sich auf gewagte Aktivitäten einzulassen. Sie sind gewillt, dich aus deiner Komfortzone herauszuholen. Sie wollen, dass du eine Erfahrung machst, wie keine andere, während du mit ihnen zusammen bist. Sie wollen dir Abenteuer zeigen, die du noch nie mit einem anderen Mann erlebt hast. Sie werden mit dir Gipfel erklimmen, weil sie wollen, dass du siehst, wie mutig und kühn sie sind, und dir damit ebenso beweisen, wie temperamentvoll und tapfer du bist. Diese Erlebnisse werden auch deine Leidenschaft entfachen.

Normalerweise stehen sie auch für große Gesten, etwa ein geschriebenes Lied oder ein Gedicht. In ihren Köpfen gibt es dieses endlose Potenzial von Möglichkeiten und Gelegenheiten, die sie im richtigen Moment ergreifen, um dir zu zeigen, wie sehr sie dich mögen. Wenn du sie um einen Kuss bittest, geben sie dir einen ganz besonderen. Sie werden nicht nur deine Lippen küssen, sondern jeden Teil von dir und darauf achten, dass sie keine Stelle auslassen, die dich erzittern lässt. Sie wollen dir gefallen und das mit Stil. Sobald sie sich auf dich konzentrieren, wird jede Berührung perfekt und mit Sorgfalt ausgeführt.

Misserfolge machen ihnen nichts aus - Misserfolge sind nur Teil einer Lernkurve. Sie werden es immer wieder versuchen, bis sie Erfolg haben, Strategien entwickeln und besser werden. Falls sie mal etwas nicht erreichen, bedeutet das nur, dass sie gelernt haben, wie sie es beim nächsten Mal besser machen können. Wenn sie schließlich feststellen, falsch gelegen zu haben, werden sie mit sich selbst ins Reine kommen, andere konsultieren, auf Ratschläge hören und herausfinden, was sie tun können, um bessere Ergebnisse zu erzielen.

Es ist gegen ihre Natur, vor einem Hindernis Schwäche zu zeigen. Das führt dazu, dass Verletzlichkeit für sie problematisch sein kann. Deshalb solltest du eine Frau sein, bei der sie verletzlich sein können, ohne sich dabei fehlerhaft zu fühlen. Schwäche macht sie nicht zu Versagern, aber oft vergessen sie das und würden sich nie verzeihen, wenn sie dich enttäuschen würden. Sie hassen es, sich selbst und andere zu enttäuschen und vergessen dabei, dass wir alle Menschen sind und uns leicht irren können. Versichere ihnen, dass es völlig natürlich ist, hin und wieder nicht perfekt zu sein.

Sie haben keine Angst vor Verpflichtungen. Im Gegensatz zu Bindungsverweigerern sind leidenschaftliche Männer da anders. Sie sehen dich. Sie mögen dich. Sie kämpfen für dich. Sie tun das, was für dich gut ist. Sie fühlen sich mit dir verbunden und sorgen dafür, dass dies auf Gegenseitigkeit beruht. Sie sprechen immer offen über ihre Gefühle. Sie gestehen dir, was sie für dich empfinden, um sicherzustellen, dass ihr beide dasselbe Ziel verfolgt. Dann erst binden sie sich an dich. So einfach ist das für sie. Sie spielen keine Psychospielchen oder stellen Fallen, um zu sehen, was du denkst, ohne dir zu sagen, was sie fühlen.

Wenn ein leidenschaftlicher Mann dich mag, wirst du es bemerken. Wenn ein leidenschaftlicher Mann dich wertschätzt, zeigt er dir das in allem, was er tut, denn er tut es absichtlich. Er wird alles in seiner Macht Stehende tun, um dir zu demonstrieren, was er fühlt, denn leidenschaftliche Menschen sind von Natur aus ausdrucksstark.

Er wird alle seine Fähigkeiten einsetzen, um deine Aufmerksamkeit auf sich zu ziehen. Hat er dieses Etappenziel erreicht, wird er nicht nachlassen. Für ihn wird jeder Tag eine neue Gelegenheit bieten, dir zu zeigen, wie sehr er dich schätzt.

Leidenschaftliche Männer sind Männer, die gleichzeitig mutig und zärtlich sein können. Dich glücklich zu sehen, macht ihr Leben erfüllter. Sie haben viel Freude daran, wenn die Menschen um sie herum glücklich sind - dich glücklich zu sehen wird also zu einer weiteren Lieblingsbeschäftigung von ihnen.

Leidenschaftliche Männer stellen die Beziehung in den Vordergrund, denn einem solchen Mann ist es wichtig, dass du dich als Individuum weiterentwickelst, wodurch auch eure Beziehung wächst. Er wird keine Probleme damit haben, sich anzupassen, um sicherzustellen, dass du dein Glück findest und als Teamplayer auftreten. Du solltest jedoch auch bereit sein, diese Opfer zu bringen, weil er dies nicht als selbstverständlich ansieht.

Diese Männer lieben die Wertschätzung - wenn du ihn wertschätzt, ist er jederzeit bereit, sich für dich aufzuopfern. Er ist dir gegenüber stets aufmerksam und zuvorkommend. Leidenschaftliche Männer verlassen dich nicht gleich, wenn du einen Fehler machst oder wenn ihr beide in einen Streit geratet. Er versteht dies als Herausforderung, für die er eine Lösung finden wird. Es macht einem solchen Mann keinen Spaß, wenn alles perfekt ist, denn in ihren Augen sind es deine Fehler, Eigenheiten und Marotten, die dich komplett machen.

Die meisten Männer würden zwar von Liebe sprechen, aber leidenschaftliche Männer werden dir unmissverständlich zeigen, was sie meinen, wenn sie davon reden.

Kapitel Acht

ZEIGEN SICH UNGEREIMTHEITEN?

Menschen brauchen das Gefühl von Vorhersehbarkeit, Verlässlichkeit und Vertrauenswürdigkeit in ihren Beziehungen - und das wird durch Beständigkeit erreicht.

Das Bedürfnis nach einem beständigen Partner ist heute größer denn je, denn in dieser schnelllebigen Zeit ist stabiler Halt und eine damit einhergehende Qualität der Beständigkeit deines Partners von größter Bedeutung. Du willst eine beständige Person - jemanden, der mit seinen Gefühlen und seiner Treue Verlass verspricht. Ein Mangel an Beständigkeit ebnet den jedoch Weg für emotionalen Missbrauch. Du musst dich auf deinen Partner oder deine potenziellen Partner deshalb verlassen können.

Beständigkeit bedeutet, dass der Mann, dem du dein Herz öffnest, alles tut, um eure Beziehung in einem stabilen Fahrwasser zu halten. Ein beständiger Mann sieht sich in dich investiert und glaubt, dass du die Richtige für ihn bist. Er sieht eine Zukunft mit dir und ist bereit, sich darauf einzulassen.

Beständigkeit bedeutet, dass dein Partner für dich da ist, wenn du ihn brauchst. Die Welt ist in einem steten Wandel, doch wenn *er* beständig ist, kannst du sicher sein, einen stabilen Fels in der Brandung zu haben.

Generell ist Beständigkeit in einer Beziehung eine Mischung aus Vertrauen, Zuversicht, Vertrauenswürdigkeit und Zuverlässigkeit. Sie zeigt auch den ehrlichen Wunsch, eine ernsthafte, langfristige Beziehung zu führen. Beständigkeit bedeutet, präsent zu sein und sich für eine erfolgreiche Beziehung zu engagieren. Beständigkeit und Stabilität sind nicht nur wichtige Faktoren im Leben eines jeden Menschen, sondern Grundvoraussetzung für eine funktionierende Beziehung.

Vielleicht bist du müde und versuchst, das Handtuch zu werfen - müde vom Umgang mit inkonsequenten Menschen. Sie sagen dir nicht, wenn du etwas tust, das sie stört, und werden stattdessen inkonsequent in ihrem Handeln. Deshalb ist Beständigkeit ein Faktor, den wir genauer erörtern müssen, denn die Worte und Taten eines Mannes müssen miteinander im Einklang stehen.

Stell dir vor, du hättest einen vielversprechenden Kandidaten gefunden - er erfüllt scheinbar alle deine Kriterien - und plötzlich zieht er sich zurück. Er scheint nicht länger verlässlich für dich greifbar zu sein. Er lässt dich im Stich und so kannst du nicht anders, als der Verbindung, die du mit ihm teilst, zu misstrauen. Du kannst nicht auf ihn bauen, Zweifel schleichen sich zunehmend ein und du fragst dich, was sein Verhalten verändert hat.

Inkonsequenz ist eine verstörende Sache, denn schon eine kleine Prise davon führt zu Misstrauen, Spannungen und Ängsten - sie bringt dein Nervensystem in Aufruhr, was emotional nicht gesund ist.

Und wie konsequent bist du? Hast du das gleiche Maß an Beständigkeit, nach dem du dich sehnst? Bist du sicher, dass du in jedem Bereich deines Lebens das gleiche Level an Beständigkeit vorlebst und nicht nur selektiv, wo es dir passt?

Du wirst nicht weit kommen, wenn du nicht das erforderliche Maß an Beständigkeit aufbringst, denn es ist unerlässlich, selbst die Qualitäten zu verkörpern, die du dir von einem Partner wünschst. Du solltest bereit sein, selbst den konsequenten Charakter zu verkörpern, den du in deinem Leben brauchst.

Beständigkeit bedeutet nicht, dass du deine Meinung nicht wechseln kannst. Du kannst deine Meinung ändern, du kannst deine Handlungen ändern, du kannst deine Entscheidungen ändern. Bei Beständigkeit geht es lediglich darum, für deinen Partner da zu sein, alles zu geben und dich in die Beziehung einzubringen. Ein Gleichgewicht in diesem Sinne ist entscheidend für das Gedeihen einer Beziehung. Sicherlich gibt es Tage, an denen dein Verhalten nicht ok ist, aber solange du dich innerhalb einer angemessenen Zeitspanne korrigierst, wird alles gut gehen.

Wenn du mit einem Mann zusammen bist, obwohl du nicht darauf vertrauen kannst, dass er für dich 100% da ist, obgleich du das im Gegenzug bietest, dann ist das ein klares Warnsignal. Du solltest dich in der Nähe deines potenziellen Partners oder Dates niemals unsicher fühlen müssen.

Was solltest du über wankelmütige Männer wissen und woran erkennst du, dass es ihm an Beständigkeit mangelt?
Unbeständige Männer sind ein rotes Tuch, denn ein solcher Mann wirkt sich nicht nur negativ auf deine psychische Gesundheit aus, sondern vermitteln dir ein Gefühl der Unsicherheit. Wenn du dich auf eine Beziehung mit jemandem einlässt, solltest du wissen, dass du dich auf diese Person verlassen kannst, egal in welcher Situation.

Du kannst dich dann auf deinen Partner verlassen, egal wie schwierig oder herausfordernd die Umstände werden.

Beständigkeit ist entscheidend für eine langfristige Beziehung, denn sie gibt eurer romantischen Verbindung einen vertrauten Rhythmus. Beständigkeit definiert nicht die Routine oder die Rituale, die ihr pflegt. Mit diesem Rhythmus hast du etwas, auf das du zurückgreifen kannst, wenn du merkst, dass es im Leben kritisch wird.

Wenn jedoch eine Person in einer Beziehung inkonsequent handelt, gerät alles aus dem Gleichgewicht. Du spürst, wie der Rhythmus aus dem Gleichgewicht gerät. Woher weißt du aber, ob du das Pech hast, mit jemandem zusammen zu sein, der von Natur aus unbeständig ist? Ist dein potenzielles Date gar unberechenbar?

Folgend sind einige Anzeichen für dich aufgelistet, auf die du achten kannst. Du musst auf die Merkmale eines unbeständigen Partners achten, denn so kannst du die Situation kontrollieren. Wenn du weißt, womit du es zu tun hast, kannst du anfangen, Beständigkeit einzufordern, oder notfalls die Reißleine zu ziehen.

Zudem bekommst du dadurch ein besseres Verständnis für eure Beziehung und beginnst zu verstehen, warum die Dinge so sind, wie sie sind. Achte also auf die folgenden Zeichen:

Du fängst immer ein Gespräch an, aber du bekommst zu wenig zurück.
Einsilbige Antworten, oder nachlassender Enthusiasmus schleichen sich ein.
Hier und da bekommst du ein paar Krümel hingeworfen, aber es ist selten mehr als eine Momentaufnahme.

Wenn du dein Bestes gibst, fühlst du dich berechtigt, das ebenso einzufordern, aber das Verhältnis bleibt unausgeglichen. Manche sind Meister darin, einen soliden Start in eine Beziehung zu bewirken. Es wird einem solchen Mann gelingen, eine Chemie mit dir herzustellen, die ihn unwiderstehlich erscheinen lässt. Später ändert sich sein Verhalten jedoch. Derartige Männer neigen zu unerwartetem Schlussmachen.

Er wird dir gelegentlich Komplimente machen, doch auch dies ist nur eine Finte.
Er wird dir vorgaukeln, dass er an dir interessiert ist, doch ohne seinen Worten Taten folgen zu lassen. Das tut er, indem er versucht, dich mit endlosen Komplimenten einzuschmeicheln. Tappe nicht in diese Falle.

Er wird dir weismachen, dass er ein sehr beschäftigter Mann ist oder jemand, der es hasst, unter Leute zu gehen. Er wird dir zu verstehen geben, dass er sich normalerweise nicht viel aus Gesellschaft macht und dass es für ihn normal ist, abzutauchen. Er wird als Grund für sein Verschwinden und seine Ungereimtheiten angeben, dass er unsozial, gestresst oder schlecht im Kommunizieren ist. Er wird subtil andeuten, dass er sich seine Zeit immer schlecht einteilen kann, weil er so viele Dinge zu tun hat, mit vielen Dingen kämpft und nicht in der Lage ist, sich dir zu widmen oder dir seine Zeit zu schenken.

Er wird wollen, dass du die komplette Kontrolle über alle Gespräche übernimmst. Er überlässt dir die Führung und ergreift niemals von selbst die Initiative. Er zeigt zudem Anzeichen von Egoismus und egozentrischem Verhalten, indem er versucht, jedes Gespräch über sich selbst, sein Leben, seine Familie oder seine Freunde zu führen - ohne dich dabei einzubeziehen. Er wird damit beweisen, dass du ihm nicht viel bedeutest.

Er macht sich rar, wenn du ihn am meisten brauchst und gibt dir nicht das Gefühl, dass er sich für dich einsetzt. Er wird dir nie das Gefühl geben, dass du dich auf ihn verlassen kannst. Du kannst erkennen, dass er nicht bereit ist, ein zuverlässiger Partner zu werden, denn er taucht nur dann auf, wenn ihm danach ist.

Wenn du ihn um Rat fragst, antwortet er nur halbherzig und ist nicht daran interessiert, dir bei der Lösung deines Problems zu helfen. Er zeigt kein Einfühlungsvermögen für deine Bedürfnisse. Er meint, dass er dir zeigt, dass er deinen Beitrag schätzt, indem er dich nach deiner Meinung fragt, aber er nimmt deinen Rat nicht an. Und wenn er das Gefühl hat, dass du ihm entgleitest, wird er dir gegenüber verletzlich. Das ist ein übliches Mittel, mit dem inkonsequente Typen dir weismachen wollen, dass sie dir vertrauen und dass sie das, was du zu sagen hast oder zu ihrem Leben beiträgst, zu schätzen wissen.

Er wird sich zweideutig verhalten, wenn es darum geht, wie sehr er bereit ist, sich an dich zu binden. Er wird nicht einmal eine Verpflichtung von selbst erwähnen. Er beschränkt eure Beziehung auf eine freundschaftliche Ebene oder auf eine Freundschaft mit gewissen Vorzügen.

Er wird dir nicht die Gewissheit geben, dass zwischen euch beiden etwas Besonderes entsteht. Wenn Sex habt, scheint er sich binden zu wollen, aber dieses Verhalten überträgt sich nie auf regelmäßige Beziehungsaktivitäten oder tägliche Gespräche außerhalb des Betts. Er wird jedoch gerade genug tun, um dich hoffnungsvoll bei der Stange zu halten.

Er wird die perfekten Worte finden, aber die falschen Dinge tun. Er ist gut darin, das Richtige zur richtigen Zeit zu sagen, aber du wirst auch feststellen, dass seine Taten nie seinen Worten entsprechen. Er wird nie in der Lage sein, alles zu halten, was er dir verspricht.

Er verschwindet unerwartet und taucht plötzlich wieder auf, wenn es ihm passt. Es wird Zeiten geben, in denen er nur scheinbar eine Pause von dir einlegt, aber seine Abwesenheit wird dennoch zur Gewohnheit. Immer, wenn er das Gefühl hat, dich völlig zu verlieren, taucht er wieder auf.

Der inkonsequente Typus Mann weiß, wie er seinen Zugriff auf dein Leben timen muss. Er weiß genau, wann du kurz davor bist, ihn aufzugeben, und beginnt dann erneut, seine Anstrengungen zu erhöhen.

Er ist die Art von Mann, von dem du dich früher oder später löst. Mit der Zeit durchschaust du seine Spiele und Tricks und verstehst, wer er wirklich ist. Wenn du ihn darauf ansprichst, wird er versprechen, sich zu ändern.

Jetzt, wo du weißt, worauf du achten musst, wollen wir ein bisschen tiefer in die Materie eintauchen und versuchen, die Gründe für Inkonsequenz und Unzuverlässigkeit in einer Beziehung zu verstehen.

Aus welchem Grund erweisen sich Menschen als unzuverlässige Partner?
Verschiedene Gründe können dazu führen, dass jemandem die Vertrauenswürdigkeit fehlt.

Mitunter ist dies einfach Teil seiner Persönlichkeit. Einige Menschen sind schlicht weniger organisiert als andere und haben Schwierigkeiten, sich an Pläne zu halten oder Absprachen zu erfüllen. Sie erliegen der Annahme, dass diese Dinge nicht besonders wichtig sind. Vielleicht merken sie gar nicht, dass sie unzuverlässig sind, und denken, dass ihr Verhalten die Norm sei. Sie glauben, dass sie nichts Falsches tun und dass es unzweckmäßig wäre, von anderen abhängig zu sein, weil ihnen das so beigebracht wurde oder weil sie im Laufe ihres Lebens Einzelkämpfer wurden, so dass sie keine andere Möglichkeit sehen, ihr Leben zu gestalten.

Hierbei ist erwähnenswert, dass Unzuverlässigkeit aus fehlender Motivation heraus resultiert. Lässt du einem Mann diese Dinge zu oft durchgehen, wird sich seine Unzuverlässigkeit manifestieren und verstärken. Dieses Verhalten kann entweder bewusst oder unbewusst erfolgen.

Unzuverlässigkeit kann auch von dem Wunsch herrühren, eine Situation zu kontrollieren. Menschen wollen nicht überrumpelt werden, und es herrscht die weitverbreitete Vorstellung, dass volles Engagement keine Früchte trägt. Das gilt sowohl für die kleinen als auch für die großen Dinge des Lebens.

Wenn ein Mann jemanden absichtlich warten lässt, indem er zu spät kommt, versucht er eventuell, die Kontrolle über die Situation zu gewinnen. Diese Männer versuchen, das Tempo und die Intensität eines Treffens zu bestimmen. Sie versuchen, die Oberhand zu gewinnen, indem sie signalisieren, dass der Aufwand vom Gegenüber betrieben werden müsse. Wenn sie jemanden ausschließen oder die emotionale Unterstützung verweigern, glauben sie das Gefühl einseitiger Abhängigkeit zu vermitteln.

Niemand sollte eine Person dazu bringen, sich so zu fühlen. Emotionen und Gefühle absichtlich selektiv zu teilen, wenn es gerade am besten passt, ist sowohl verletzend als auch ungesund für eine persönliche Bindung.

Ein Freund von mir war einmal an einer Frau interessiert und dies beruhte auf Gegenseitigkeit, weil er all ihre Kriterien zu erfüllen schien. Sie bekam sogar das Gefühl, dass sie den Richtigen gefunden hatte. Er verhielt sich ihr gegenüber herzlich, glänzte mit bedeutungsvollen Gesten und versprach Dinge, die er letztlich jedoch nie einhalten konnte.

Er führte sie an der Nase herum, denn es stellte sich heraus, dass er die ganze Zeit über anderweitig vergeben war. Er wollte lediglich sehen, ob er sie ins Bett kriegen könnte. Als es so aussah, als würde das nicht passieren, fing er an, sie mit verletzenden Worten zu belegen - vorzugsweise dann, wenn sie ihn an seine leeren Versprechen erinnerte und versuchte, ihn zur Verantwortung zu ziehen. Die Psychospielchen verletzten sie und sie ließ ihn das wissen. Die Tatsache, dass ihre Beziehung hauptsächlich online stattfand, gab mir Grund zur Hoffnung, dass sie leichter erkennen würde, dass der Typ den ganzen Stress nicht wert war.

In den dunkelsten Momenten seines Lebens war sie dennoch für ihn da. Sie entwickelte starke Gefühle für ihn und schickte ihm immer wieder E-Mails, auch dann, wenn sein Telefon abgeschaltet war. Sie hoffte insgeheim, er würde erkennen, wie sehr sie ihn liebte. Ich habe noch nie jemanden gesehen, der so direkt, verständnisvoll und fürsorglich war wie sie.

Ich hoffe inständig, dass all ihre Bemühungen bald mit einem Mann belohnt werden, der ihrer würdig ist.

Manche Leute stören sich vermutlich nicht an Unzuverlässigkeit oder Inkonsequenz, aber wer Ziele hat, die er via Online-Dating erreichen will, sollte nicht darauf warten, dass jemand den eigenen Wert zu schätzen lernt.

Wie bei vielen anderen Problemen in Beziehungen, bei der Partnersuche, beim Online-Dating, bei realen Verabredungen, Freundschaften und bei der zwischenmenschlichen Kommunikation ist es stets der beste Weg, mit einem offenen und ehrlichen Gespräch zu beginnen. Wenn dein Gegenüber dich auf die eine oder andere Weise verärgert und du ihn dennoch schätzt, ist es notwendig, die Situation anzusprechen, anstatt die Dinge unter den Teppich zu kehren. Vergiss die kurze Zeit, in der du dich unwohl fühlen wirst und denke stattdessen an die Klarheit, die du haben wirst, wenn das Gespräch vorbei ist. Nicht offen über Probleme zu sprechen, kann in langfristigen Beziehungen zu riesigem Unmut führen. Du wirst in so einem Fall schnell merken, dass sich deine Frustration auf andere Weise entlädt, die du nicht mehr kontrollieren kannst.

Deshalb gebe ich dir nun drei Kommunikationstipps, die du mit deinem Partner oder deinem potenziellen Date ausprobieren kannst und die ein guter Ausgangspunkt für diese Art von Gespräch bilden. Diese Tipps helfen dir dabei, ein zielführendes Gespräch zu führen, ohne dass es zu Streit kommt oder du dich in Schuldzuweisungen verlierst. Um dich so auszudrücken, dass dein Gegenüber sich darauf einlässt, musst du diese Tipps umsetzen, statt in die Defensive zu gehen.

3 Vorteile einer offenen Gesprächsführung:
1) du kannst artikulieren, wie du dich fühlst
2) du bekommst ein besseres Verständnis dafür, was dein Partner denkt

3) du bekommst Klarheit über den Status deiner Beziehung
Wenn du Wert darauflegst, schnelle Antworten zu erhalten, solltest du deinem Partner den Wert einer solchen Unterhaltung klarmachen. Umgekehrt kann die Einsicht, dass dein Partner bestimmte Dinge tut oder lässt, ohne dich verletzen zu wollen, dazu beitragen, dass du weniger verärgert bist, wenn das Problem erneut auftritt.

Wenn das Verhalten deines Partners jedoch am negativen Ende des Spektrums liegt, solltest du mit Vorsicht vorgehen. Falls du das Gefühl hast, dass dein Partner nicht offen auf eine ehrliche Diskussion über sein generelles Verhalten reagiert und nicht bereit ist, sich zu ändern, dann konzentriere dich auf einzelne Punkte. Auf diese Weise kannst du über das sprechen, was dir Schwierigkeiten bereitet, ohne dass die Gefahr besteht, dass dein Partner das Gespräch abblockt. Beginne mit kleinen Schritten. In manchen Fällen sind Menschen nicht bereit zu reden, egal wie vorsichtig du dich auszudrücken versuchst. Sie versuchen stattdessen, dich abwimmeln und das Gespräch in ein Scharmützel aus Schuldzuweisungen und Anschuldigungen zu verwandeln. Sei dir bewusst, dass diese Art Mann dich in den Wahnsinn treiben kann. Wenn das der Fall ist, solltest du dir gut überlegen, wie viel mehr von diesem Verhalten du zu tolerieren bereit bist.

Eine Frage, die du dir unbedingt stellen solltest, ist die folgende: Wenn das Problem in einem Jahr immer noch bestünde, könnte ich es dann noch tolerieren? Ist das die Art von Beziehung, in der ich wachsen und gedeihen möchte?

Wenn alle Antworten auf diese Fragen negativ ausfallen, empfehle ich dir, die Verbindung zu beenden. Ein solcher Mann ist deine Mühen nicht wert.

Einen unbeständigen Mann hinter sich lassen
Du schlägst konsequent ein neues Kapitel auf, nachdem du eine Beziehung beendet hast. Dieser Vorgang umfasst verschiedene Schritte. Du solltest dir gestatten, traurig zu sein, wenn du erkannt hast, dass du die Beziehung mit einem unbeständigen

Mann nicht fortsetzen kannst. Denke daran, nie den Kontakt zu deinen Freunden oder deiner Familie zu verlieren, wenn sie für dein Wohlbefinden und deine psychische Gesundheit förderlich sind. Wenn du gesund, stark und mental dazu fähig bist, kannst du dich entscheiden, mit deinem potenziellen Ex-Partner in Kontakt zu bleiben, falls das möglich ist. Versuche jedoch, eine On-Off-Beziehung zu vermeiden. Lehne es ab, wieder mit ihm zusammenzukommen, und versuche, an deiner ursprünglichen Entscheidung festzuhalten, ohne der Versuchung nachzugeben.

Der wichtigste Teil des Loslassens einer unerfreulichen Beziehung besteht darin, zu erkennen, was die Beziehung so lausig macht. Wenn du erst einmal realisiert hast, was in deiner Beziehung schiefgelaufen ist, kannst du zukünftig bereits frühzeitig die Entstehung von ähnlichen Problemen vermeiden.

Wenn du an dir selbst arbeitest, heilst und dich sukzessive verbesserst, fällt es dir bald leichter, Männer mit derartig toxischen Eigenschaften zu erkennen.

Entscheide dich außerdem, solchen Männern nicht auf deine Kosten dabei zu helfen, herauszufinden, was sie im Leben wollen. Du verdienst einen Mann, der sich genauso viel Mühe gibt wie du. Manche Männer überzeugen dich vielleicht davon, dass sie deine Hilfe brauchen, um die Probleme in ihrem Leben zu lösen. Das sollten sie jedoch bewerkstelligen, ohne dass du sie für sie lösen musst.

Leider glauben viele Frauen heute immer noch, dass sie die Eine sein werden, die einen bestimmten Mann zum Besseren

ändern kann. Dies ist ein Trugschluss. Du kannst einen Mann nicht ändern - ein Mann ändert sich, weil er es will oder weil er dich für wichtig genug hält, sich die Mühe zu machen. Du kannst dies nicht beeinflussen, er muss es von sich aus wollen.

Hast du dich mit deinem Selbstwert auseinandergesetzt und einen solchen Mann erfolgreich hinter dir gelassen, ist der Weg frei für eine gesunde Beziehung, in der beide Seiten ihr Bestes geben.

Mit der Hoffnung auf einen Neuanfang solltest du jedoch nicht ausschließlich zu den Dating-Apps zurückkehren, mit deren Hilfe du die falschen Männer kennengelernt hast.

Schau dir stattdessen auch neue Dating-Apps an!

Achte auch darauf, dass du schon am Anfang einer neuen Beziehung die richtigen Entscheidungen triffst. Entwickle ein Gespür dafür, in welche Richtung er dich lenken will. Deine Chancen auf eine ernsthafte Beziehung mit jemandem, der dich beim ersten Date in die Bar, ins Fitnessstudio oder in den Club mitnimmt, sind gering. Eine Person, die das tut, wird selten ernsthafte Ambitionen hegen. Männer von Qualität geben sich mehr Mühe. Ein Mann, der dich in eine billige Bar schleppt, ist kein Mann von Qualität.

Glaube bloß nicht, dass der Mann, den du gefunden hast, sich schon beim ersten Date als Mann deiner Träume erweist. Gib dem Ganzen Zeit, ohne dich ködern zu lassen. Eine erfolgreiche Beziehung mit jemandem aufzubauen, der nicht einmal bereit ist, sich in der Anfangsphase wirkliche Mühe zu geben, sind bescheiden bis lausig.

Du solltest mit deinem Leben fortfahren. Tu weiterhin die Dinge, die du liebst - triff dich mit deinen Freunden, gehe deinen Hobbys nach und halte die Augen nach einem Mann offen, der dein Interesse weckt. Limitiere dich niemals selbst!

Wenn du dich mit einem Mann treffen willst, den du online kennengelernt hast, vergiss nicht, ihm mitzuteilen, wo du gerne hingehen würdest. Frag ihn nach seinen diesbezüglichen Vorstellungen, damit du eine Idee davon bekommst, was für ein Mann er ist. So kannst du herausfinden, ob er ein traditioneller Mann ist, der eine gemütliche Atmosphäre mit konventionellem Ambiente bevorzugt, oder vielleicht ein moderner Mann mit einem guten Sinn für Geschmack und Anspruch.

Einen Mann bei einer kulturellen Veranstaltung zu treffen, ist ein guter Anfang. Einen Mann bei einer Outdoor-Aktivität zu treffen, ist ebenfalls empfehlenswert, denn so bekommst du einen Einblick in seine Vorlieben und Interessen. Du weißt so schnell, ob er ähnliche Vorlieben teilt und du musst nicht erst gute Miene zum bösen Spiel machen.

Lass die Angst vor dem Singledasein los! Angst ist ein schlechter Ratgeber für alles im Leben. Du musst akzeptieren, dass es lange dauern kann, bis du deinen Seelenverwandten findest. Lass aber deshalb nicht zu, dass die Angst vor dem Singledasein dazu führt, inkonsequente und unbeständige Männer und deren Possen zu ertragen. Begreife das Singledasein nicht als Strafe, denn das ist es nicht. Es ist eine Phase, in der du diese Erfahrung genießen und Teile von dir entdecken musst, die dich letzten Endes zu einem erfüllteren Leben führen können.

Als Frau tickt vielleicht deine biologische Uhr, weshalb der Druck, Kinder zu bekommen, noch größer wird. Du könntest deshalb versucht sein, die Dinge zu überstürzen oder frustriert zu reagieren, aber dem solltest du widerstehen. Nutze diese Phase, um etwas über dich selbst zu lernen, deine Finanzen zu organisieren und die Zukunft für deine zukünftigen Kinder zu planen. Nimm dir Zeit und wähle den Ehepartner, den du dir für sie wünschst, denn eine Familie zu gründen ist eine wichtige Entscheidung, die du nur mit jemandem treffen solltest, der bereit ist, sich voll einzubringen.

Die Welt ist ein ungemütlicher Ort, umso mehr sollte dein Zuhause deine Oase der Ruhe und der Kraft sein. Mit einem unzuverlässigen Partner an deiner Seite sind die Voraussetzungen dafür nicht gegeben. Du wählst nicht nur einen Ehepartner - sondern du entscheidest dich auch für den Vater deiner Kinder.

Während du solo bist, kannst du Prioritäten setzen und überlegen, was du im Leben und von einem Partner erwartest, damit du, wenn sich die Gelegenheit ergibt, genau weißt, was du willst und was du brauchst. Vor allem wirst du in der Lage sein, diese Dinge schnell zu erkennen, wenn du sie siehst.

Sei niemals ängstlich oder gar verzweifelt, wenn es darum geht, eine neue Beziehung einzugehen, denn auf einem solchen Nährboden gedeiht nichts Fruchtbares. Du solltest deine Zeit als alleinstehende Frau nicht nur dazu nutzen, dich selbst zu entdecken und zu weiterzuentwickeln, sondern diese auch frei und unabhängig genießen können. In einer solchen Phase bleibt Raum für anderes, etwa um deine platonischen Freundschaften zu pflegen.

Wenn es dir das nächste Mal schwerfällt, eine Beziehung mit einem unzuverlässigen Mann loszulassen, rufe dir in Erinnerung, dass du etwas Besseres verdient hast. Eine Frau mit einer gesunden Form der Selbstliebe kann eine solch toxische Beziehung nicht dulden.

Denk immer daran, dass diese Männer sich selbst auch nicht lieben, also sei nicht wie sie, denn du kannst einen Menschen erst dann lieben, wenn du gelernt hast, dich selbst zu lieben und zu akzeptieren! Wenn du an dem Punkt angelangt bist, an dem du dich selbst liebst, wirst du erkennen, dass du etwas Besseres verdienst.

Du verdienst einen Menschen, der bereit ist, sich selbst zu lieben, authentisch zu sein, sich zu engagieren und dich nicht für selbstverständlich hält.

Kapitel Neun

LASS DICH NICHT DURCH WOHLSTAND BLENDEN WENN ER NICHT VON TALENT UND WILLENSKRAFT BEGLEITET WIRD.

„Was du ererbt von deinen Vätern, erwirb es, um es zu besitzen"
- Johann Wolfgang von Goethe

Unerwarteter Reichtum, etwa durch Erbschaften oder Lottogewinne, haben schon so manchen Mann zu einem scheinbar strahlenden Sieger werden lassen. Doch von Wohlstand allein solltest du dich bei einem Mann nicht blenden lassen - nicht, ohne dich zu vergewissern, dass dein Beziehungskandidat auch ein paar wesentliche Charaktereigenschaften mit sich bringt. Schneller und unerwarteter Reichtumerfordert Willenskraft, Disziplin und Umsicht um diesen zu erhalten und fruchtbar einzusetzen. Die Zeitschriften sind voll mit Geschichten über Menschen, die unglaublichen Wohlstand verloren haben und schlussendlich weniger als zuvor besaßen . Falls du also die Wahl zwischen einem umsichtigen, tatkräftigen und disziplinierten Mann mit wenig Geld und einem weniger gefestigten Charakter mit plötzlich erlangtem Reichtum hast, dann solltest du nicht vorschnell zu letzterer Option tendieren.

Die Fähigkeit, innovative Ideen zu entwickeln, ist ein Talent. Dieses Talent, kombiniert mit Willenskraft und Disziplin, erwecken eine Idee erst zum Leben. Kommen diese Faktoren zusammen, entwickelt sich daraus nachhaltiger Wohlstand, da die zum Leben erweckte Idee einen greifbaren Wert hervorgerufen hat.

Am anderen Ende des Wohlstandsspektrums landen mitunter Menschen, die schnell und ohne viel eigenes Zutun zu Geld kamen und, bewusst oder unterbewusst, meinen, dass obige Tugenden nun weniger erforderlich wären. Ein häufiger Trugschluss, der nicht selten zu schlecht durchdachten Investitionen führt. Die vermeintlich intelligenten Investitionen erweisen sich leider als Flop. Schuld sind dann natürlich die Anderen und die Umstände...

Leider zeigt die Erfahrung, dass in vielen Fällen dauerhafter Wohlstand durch plötzlichen Reichtum nicht gefördert wird, weil so manchem, der plötzlich Geld, ein Unternehmen oder andere Werte erlangt, das notwendige unternehmerische Geschick fehlt, um die richtigen Entscheidungen treffen zu können.

Ein Banker sagte einmal zu mir: *„Große Vermögen kann man nicht verleben, man kann sie nur verdummen"* – und da ist viel Wahres dran.

Manche Menschen fragen sich, ob sie den Erfolg anderer Menschen auf deren Gewohnheiten, Beziehungen, Vermögen, eine großartige Arbeitsmoral oder einen anderen Umstand zurückführen sollen. Nachfolgend findest du drei Faktoren, die erfolgreiche Männer in Bezug darauf von anderen unterscheiden. Diese drei Dinge sind eine Kombination aus den positiven Eigenschaften, die Menschen zu schnellem Wachstum, Erfolg und Reichtum verhelfen - wenn sie bereit sind, über den Tellerrand zu blicken.

Es zählen auch hier wieder **einmal Beständigkeit, Leidenschaft und Willenskraft.**
Die Kombination dieser drei Eigenschaften führt zum Erfolg. Die ultimative Kraft hinter jedem Erfolg ist die Willenskraft. Willenskraft ist wie ein Muskel: Um diesen vital zu halten, musst du ihn ständig pflegen. Menschen mit großer Willenskraft sind auch motiviert und diszipliniert genug, um positive, erfolgreiche und gesunde Gewohnheiten zu entwickeln, und haben eine viel bessere Chance, in Beziehungen oder Unternehmungen erfolgreich zu sein. Ohne die Disziplin und die Motivation, positive Gewohnheiten zu entwickeln, um Aufgaben zu erledigen, wird es unmöglich sein, erfolgreich zu sein, selbst bei unglaublichem Talent.

Achte auf deshalb auf gesunde Gewohnheiten bei einem potenziellen Partner!

Willenskraft, gesunde Gewohnheiten und ein ebensolcher Lebensstil gehen Hand in Hand. Ein Mann, der positive Gewohnheiten in seinem Leben etabliert, hat den Schlüssel zum Aufschwung seines Unternehmens geschaffen.

Das Hauptaugenmerk eines erfolgreichen Geschäftsinhabers oder Unternehmens liegt auf der Steigerung des Unternehmenswertes, etwas nachhaltiges zu schaffen und einen Beitrag für eine bessere Welt zu leisten. Da ist es nur konsequent, wenn er sich in seinem Unternehmen aber auch in seinem Privatleben mit Menschen umgibt, die seine Einstellungen und Visionen teilen.

Es kann attraktiv wirken, wenn der Mann, mit dem du chattest, dir Zeit zugesteht und sich deinem Zeitplan anpasst. Du denkst vielleicht, dass dies besser ist als ein Mann, der dir ständig sagt,wie beschäftigt er ist.

Ein Mann, der jedoch sorglos mit seinem Leben umgeht, oder einer, der sich selbst noch entdeckt, mag zeitlich flexibel sein, wird sich jedoch für deine Ansprüche als ungeeignet entpuppen. Klar, es ist nett, wenn er spontan Zeit für ein gemeinsames Mittagessen findet. Vergiss dabei aber nicht, dass ein Mann, der viel Zeit hat, sicher nicht produktiv ist. Ein Mann mit einer gesunden Mischung, der seine Zeit zwischen seiner Beziehung, seiner Arbeit und seinen Hobbys aufzuteilen weiß, hat seine Prioritäten richtig gesetzt. Du willst also weder jemanden, der zu viel Zeit hat, noch jemanden, der zu beschäftigt für dich ist. Die Mischung macht's.

Ein Mann mit gesunden Gewohnheiten, Disziplin und Fokus verfügt über die Willenskraft, die Dinge anzupacken. Entschlossenheit führt auch zu gesunden Gewohnheiten, die nötig sind, um ein Ziel zu erreichen. Für einen Mann ist es entscheidend, Gewohnheiten zu schaffen und die notwendigen Maßnahmen zu ergreifen, um diese Gewohnheiten Tag für Tag beizubehalten, um mehr Leistung und Erfolg im Geschäfts- und Privatleben zu erzielen.

Beinahe die Hälfte unserer alltäglichen Aktivitäten sind Teil unserer Gewohnheiten und nicht unserer bewussten Entscheidungen. Sobald die richtigen Gewohnheiten etabliert sind, kann ein Mensch seine Aufgaben intuitiver erledigen und sich weiterentwickeln. Das bedeutet, dass das Kennenlernen seiner täglichen Routine und Rituale ein wahrer Augenöffner für dich sein kann und dir viele offene Fragen beantwortet. Du erfährst so, was er zu erreichen imstande ist und was seine täglichen Aktivitäten über ihn aussagen. Wenn ein Mann die gewünschten Ergebnisse aus gesunden Gewohnheiten erhält, treibt ihn das an, noch mehr zu investieren. Dies hat einen einfachen Grund: sobald man eine Belohnung für das Festhalten an einer Gewohnheit erhält, werden Glückshormone freigesetzt und man strebt nach mehr. Jeder Mensch kann sich selbst im Hinblick darauf trainieren und wählen, worin seine Prioritäten liegen.

Der passende Schlüssel, um eine Gewohnheit zu implementieren und dauerhaft zu etablieren, ist ein solider Motivationsfaktor. Deshalb sage ich immer, dass die wirkungsvollste Veränderung von denen ausgeht, die die Notwendigkeit erkennen, sich zu verändern. Man entwickelt nur dann Gewohnheiten, wenn man zuvor die Willenskraft aufbringt, etwas neues anzustreben - was zu dem eben erwähnten Motivationsfaktor werden kann.

Nehmen wir an, ein Mann hätte eine Leidenschaft für sein Geschäft, sein Leben oder eine Beziehung. Du wirst schnell feststellen, dass seine Ziele aufgrund der Vehemenz, mit der er sich für diese einsetzt, schnell erreicht. Wenn das Ziel etwa darin besteht, anderen zu helfen, wirst du seinen Eifer bemerken, auch darin besser zu werden. Gewohnheiten zu etablieren ist mitunter keine leichte Aufgabe, denn um neue Muster zu etablieren, müssen bestehende ersetzt werden. Zwar sind Rückschläge ein natürlicher Bestandteil des Veränderungsprozesses, aber wenn man mit einer neuen Gewohnheit ein erstrebenswertes Belohnungserlebnis assoziiert, hilft es einem, langfristig an dieser Gewohnheit festzuhalten.

Selbstbeherrschung ist eine der Tugenden, die mit Willenskraft einhergehen. Du solltest darauf achten ob sich dein Mr. Right unter Kontrolle hat und Beständigkeit, Willenskraft und Leidenschaft in einem balancierten Verhältnis stehen.

Heutzutage gibt es eine Menge Männer, denen Selbstbeherrschung fremd ist.
Sie sind Ich – zentriert, ja Egomanen, Hedonisten.
Das schnelle Vergnügen hat im Zweifel Vorrang.

Bei der Wahl deines Zukünftigen solltest du unbedingt auf diese Eigenschaft achten, denn nur Männer mit Selbstbeherrschung ermöglichen dir mit ihrer Lebensweise eine glückliche und erfolgreiche Partnerschaft. Jeder Mensch hat Wünsche und Begierden, und in Kombination mit Stress kann man leicht die Kontrolle verlieren und der Versuchung nachgeben - Männer mit Selbstbeherrschung sind jedoch in der Lage, sich zurückzuhalten und sich darauf zu konzentrieren, Großes zu erreichen.

Zusammenfassend lässt sich sagen:
Ein Mensch mit Talent und Willenskraft wird seine Ziele planen und die Gewohnheiten entwickeln, die er braucht, um sie zu

erreichen. Er wird auch erkennen, dass Selbstbeherrschung notwendig ist, um an diesen Gewohnheiten festzuhalten. All diese wertvollen Sekundärtugenden müssen fortwährend kultiviert werden. Sie können über Erfolg oder Misserfolg bestimmen. Derartige Eigenschaften bei einem Mann richtig zu erkennen, entscheidet ob du auf einen Siegertypen setzt, oder die Weichen für eine wenig fruchtbare Beziehung stellst. Männer, die schnell zu Reichtum kamen, meinen ihre Willenskraft nicht zu entwickeln oder stärken zu müssen, denn schnelles Geld vermittelt ein trügerisches Gefühl der Sicherheit. Männer mit Talent und Willenskraft hingegen tun die folgenden Dinge in ihrem Leben, um ein erfolgsversprechendes Fundament zu legen:

Sie setzen sich und ihren Projekten Fristen und halten diese ein. Geschieht dies, fühlen sie sich selbstbewusst, diszipliniert und können ihre nächsten Etappenziele mit Leichtigkeit angehen.

Sie versuchen, gesund zu bleiben. Gesundheit ist für alle Menschen wertvoll. All deine Träume, Bestrebungen, Ziele und Projekte können zum Stillstand kommen, wenn du geistig und körperlich nicht auf der Höhe bist. Deshalb arbeiten Männer mit Talent und Willenskraft oft hart daran, ihre geistige Schärfe und ihr Selbstbewusstsein zu verbessern. Sie treiben hierfür viel Sport, ernähren sich gesund und gönnen sich ausreichend Ruhe. Sie lesen Bücher und bilden sich ständig weiter, denn sie müssen sich gut fühlen und in optimaler Verfassung sein, um ihre Träume zu verwirklichen.

Sie gehen stets achtsam bei ihren Entscheidungen vor. Sie wissen, dass sie die Macht haben, ihre Zukunft zu verändern, und eine falsche Entscheidung kann bereits dazu führen, dass sie wieder ganz von vorne anfangen müssen. Sie wissen, dass sie einen klaren Kopf behalten und eine neue Strategie entwickeln müssen, um gestärkt zurückzukommen, wenn etwas misslingen sollte. Sie schätzen Anregungen und freuen sich oft über Verbesserungsratschläge. Sie sind leidenschaftliche und aufrichtige Persönlichkeiten und haben keine Angst, über ihre Bedürfnisse zu sprechen. Du wirst merken, dass ein solcher Mann sich bei dir wohlfühlt, mit sich im Reinen ist und nicht vorgibt, jemand zu sein, der er nicht ist. Sie wissen, dass Authentizität die Motivation steigert. Selbstmotivation ist für sie das A und O, und diese kann nur mit Leidenschaft und Authentizität erreicht werden.

Dieser Typus Mann achtet darauf, dass das, worauf er seine Energie verwendet, Freude und Zufriedenheit bringt. Ein Mensch mit derartigem Talent und Willenskraft kann schnell zum Selfmade-Millionär aufsteigen, vor allem dann, wenn sein Talent ihm dabei zu Hilfe kommt.

Viele Millionäre, Milliardäre und andere erfolgreiche Menschen verkörpern genau aus diesem Grunde eine Kombination aus Talent *und* Willenskraft. Erbschaften und Lottogewinne sind natürlich nichts Schlechtes - aber nur wenn dies mit Willenskraft kombiniert wird, kann sich dauerhafter Erfolg einstellen - der entscheidende Faktor, auf den du im Hinblick auf langfristige Stabilität achten musst, bleibt deshalb die Willenskraft. Sie wirkt als ein Katalysator für deinen und euren nachhaltigen Erfolg.

Kapitel Zehn

DER SOZIALE ASPEKT

Ein sozial kompatibler Mann kann Beziehungen und Interaktionen mit anderen einschätzen, aufbauen und optimieren. Er ist sachkundig und hat die nötige Stärke und das Selbstvertrauen, um Höchstleistungen zu erbringen und gesunde Beziehungen zu pflegen. Er hört zu und zeigt leicht Einfühlungsvermögen. Er hat das Potenzial für dich dein Seelenverwandter zu sein, denn er würde nicht nur mit dir auskommen, sondern auch gemeinsame Interessen verfolgen und ähnliche Bedürfnisse verspüren.

Deinen Seelenverwandten zu finden, ist wie einen Zauberschlüssel zu finden, der zu deinem Schloss passt. Er vermag es, deine Schlösser zu entriegeln und dein authentischstes Selbst zum Vorschein kommen zu lassen - und dann bist du ganz und gar du selbst.

Ein Seelenverwandter ist die Quintessenz von Liebe und Freundschaft in unserer schnelllebigen, turbulenten Welt voller Menschen unterschiedlicher Rassen, Farben, Ethnien, Kulturen und Hintergründe. Oft ertappst du dich dabei, dass du dich durch mehr Beziehungen kämpfst, als dir lieb ist, nur

113

um die eine Person zu finden, die deine Barrieren wirklich einreißen kann und es dir ermöglicht, die beste Version deiner selbst zu werden. Dein Seelenverwandter bringt Freude in dein Leben - und die Genugtuung, dass du denjenigen gefunden hast, den du endlich dein emotionales Zuhause nennen kannst. Dein Seelenverwandter gibt dir das Gefühl, vollständig zu sein, fordert dich heraus, um zu wachsen, heilt deine Wunden und inspiriert dich dazu, besser zu werden. So bekommst du nie das Gefühl, dass dir ein Teil des Puzzles fehlt.

Auf der anderen Seite kann ein Lebenspartner ein großartiger Unterstützer und langjähriger Begleiter sein - diese Person ist eher wie ein Gefährte, eine Vereinbarung von zwei Parteien, zusammenzukommen und das Beste zu erreichen, was möglich ist. Doch dein Lebenspartner ist in seiner Fähigkeit, deinen Geist wie ein Seelenverwandter zu bereichern, begrenzt.

Viele Menschen bleiben heute in Lebenspartnerschaft sbeziehungen, weil sie sich aus den unterschiedlichsten Gründen einrichten. Wenn eine Frau einen stabilen Mann findet, der ihr Komfort bietet, egal ob er ihre Seele komplettiert oder nicht, gibt sie sich nicht selten zufrieden.

Manchmal liegt es an der unterbewussten Angst, allein zu sein. Frauen sind darauf programmiert, sich zu verlieben. Es ist nur natürlich, dass man sich paaren will, auch wenn ein Mann nicht dein Seelenverwandter ist. Menschen tun sich aus vielerlei Gründen zusammen, darunter Sicherheit, Ruhm, Kinder, oder gar aufgrund eines Namens.

Etliche Frauen verlängern eine Beziehung ins Unendliche, die eigentlich nur vorübergehend sein sollte. Manchmal kommt ein Kind dazwischen und der Mann muss das Richtige tun, indem er die Mutter seines Kindes heiratet. Manche Männer sind jedoch nicht allzu traditionell in dieser Hinsicht und stimmen stattdessen nur der gemeinsamen Erziehung des Nachwuchses in Form einer außerehelichen Beziehung zu. Diese Art von Fehlern führt dazu, dass man sich auf lange Sicht in einer suboptimalen Beziehung einrichtet.

Und dann sind da noch Menschen, die einfach nur Angst vor der Einsamkeit haben und das Risiko scheuen. Sie wollen keine weiteren Risiken eingehen, weil sie schon zu oft verletzt wurden und deshalb die Hoffnung auf etwas Großes verloren haben. Wenn sie also jemanden sehen, der ihnen wenigstens das Nötigste bietet, geben sie sich damit zufrieden, da sie überzeugt sind, dass ein solcher Partner für sie das Ende der Fajnenstange darstellt.

Manchmal sind Beziehungen nur für eine bestimmte Zeit gedacht, damit ein Kapitel abgeschlossen werden kann. Etwa dafür, Kinder zu bekommen, aber nicht unbedingt zusammenzubleiben, und manche Beziehungen sind schlicht ein einziges Durcheinander, mit vielen extremen Höhen und Tiefen. Diese Beziehungen sind nicht dazu geschaffen, ewig zu halten. Diese Paare realisieren das aber oft nicht, weil ihr Urteilsvermögen durch Emotionen getrübt ist, welche sie dazu bringen, ihren vorbestimmten Weg zu missachten.

Andere Menschen glauben, sie hätten ihre Seelenverwandten bereits geheiratet. Sie erliegen etwa der fälschlichen Annahme, ihre erste Liebe oder ihren besten Freund aus Kindertagen als Seelenverwandten zu definieren. Gleichzeitig haben sie aber

Probleme in ihrer Beziehung - und das liegt allzu oft daran, dass ihnen die richtige Bindung zueinander fehlt, oder dass es ihnen an Hingabe und Konzentration mangelt. Meistens ist die erforderliche Leidenschaft schlicht nicht vorhanden.

Viele Menschen schwanken zwischen zwei Extremen. Entweder haben sie mehrere schlechte Beziehungen hinter sich, so dass sie sich schließlich mit dem Falschen zufrieden geben, oder sie hängen aus Nostalgie seit ihrer Jugend der falschen Beziehung nach. In jedem Fall glauben sie, dass sie ihren perfekten Partner, ihren Seelenverwandten, bereits gefunden hätten. Dennoch kämpfen sie mit Problemen, mit denen Seelenverwandte nicht kämpfen sollten.

Sofern du also erwägst zu heiraten, eine Beziehung einzugehen oder einfach nur eine neue Bindung in Betracht ziehst, musst du wissen, welche Rolle die Person in deinem Leben spielen kann.

Die Frage, der jeder aus dem Weg geht, lautet dabei: *Ist das wirklich die Person, mit der ich laut meinem Schicksal den Rest meines Lebens teilen soll? Oder bin ich im Begriff, mich zu schnell auf eine Beziehung mit jemandem einzulassen, der mich niemals vervollständigen kann?*

Unabhängig davon, in welchem Stadium deiner Beziehung du dich befindest, gibt es einige Anhaltspunkte, die eine Seelenverwandtschaft klar definieren oder dir zeigen, ob es an etwas zwischen dir und deinem Partner mangelt. Während du also diese Liste durchgehst, denke über deinen Partner oder potenziellen Partner nach und entscheide, ob er die Kriterien erfüllt:

Da ist etwas ganz Besonderes, was ihr miteinander teilt - tief im Inneren. Es ist unmöglich zu definieren, wie sich ein Seelenverwandter anfühlt, denn man kann es nicht in Worte fassen. Seelenverwandtschaft hat auch kein Verfallsdatum. Sie ist kompromisslos, hartnäckig, tiefgründig, und ein Gefühl - eine Leidenschaft, die keine Worte beschreiben könnten.

Regression. Es spielt keine Rolle, ob du daran glaubst, denn manche Menschen glauben eben nicht an ein früheres Leben. Wenn du deinen Seelenverwandten triffst, hast du jedoch das Gefühl, dass du diese Person schon einmal in einem anderen Leben getroffen hättest. Und so herrscht eine natürliche Vertrautheit zwischen euch. Seelenverwandte entscheiden sich oft dafür, erneut zusammenzukommen und sich wiederzufinden. Ein Gefühl der Vertrautheit, das du nicht genau einordnen kannst, doch du weißt, dass du dies bei ihm schon einmal gespürt hast. Es ist wie ein Déjà-vu-Gefühl, als ob der Moment schon einmal stattgefunden hätte - vielleicht vor langer Zeit.

Ihr ergänzt euch perfekt. Du beendest die Sätze des anderen. Manche Leute denken, das passiert, wenn man zu viel Zeit miteinander verbringt, das ist jedoch nicht der Fall. Es liegt eine seelenverwandte Verbindung zugrunde. Vielleicht erlebst du das auch mit deiner besten Freundin, deiner Schwester oder deiner Mutter, aber es ist ein eindeutiges Zeichen für eine Seelenverwandtschaft, wenn du dies mit deinem Partner teilst.

Keine Beziehung ist perfekt, aber ihr seid gewillt, eure Beziehung perfekt zu machen - zu einem Zufluchtsort für euch beide. Das Leben ist chaotisch, aber es sollte sicher, friedlich, komfortabel und energiegeladen sein, wenn es um deine Beziehung geht. Jede Beziehung hat ihre Höhen und Tiefen, doch eure Bindung sollte nur sehr schwer zu unterbrechen sein. In diesem Sinne versöhnt ihr euch schnell wieder, wenn es Probleme gibt, und entschuldigt euch ganz natürlich. Die Entschuldigungen, die ihr euch gegenseitig beteuert, sind dabei stets aufrichtig. Seelenverwandten fällt es leichter, dich zu akzeptieren und sogar zu lernen, die Unvollkommenheiten des anderen zu lieben. Es ist wahrscheinlicher, dass eure Beziehung einer Seelenverwandtschaft zugrunde liegt, wenn ihr euch beide gegenseitig akzeptiert, mit allen Fehlern und Schwächen. Gleichzeitig verspürt ihr eine Leichtigkeit, mit der ihr zusammenwachst und als Team immer besser werdet. All das vollzieht sich ganz natürlich.

Eine Seelenverwandtschaft ist tiefgründiger als normale Beziehungen - du fühlst dich in der Gegenwart des anderen heimisch. Es ist, als ob ihr mit einem unsichtbaren Band verbunden wäret, egal wie viele Leute noch im Raum sein mögen. Außenstehende können diese Verbindung zwischen euch wahrnehmen, denn sie können die Energie spüren, die von euch beiden ausgeht. Das Wichtigste ist, dass ihr euch auch in ungünstigen Phasen darauf konzentriert, ein Problem schnell zu lösen, und dass ihr über schlechte Phasen hinwegsehen könnt, denn sie machen eure Beziehung nicht aus.

Seelenverwandte haben meist eine mentale Verbindung, die der von Zwillingen ähnelt. Sie sagen Dinge gleichzeitig und haben das unheimliche Gefühl, dass der andere genau in dem Moment in Gefahr ist, in dem sie eine entsprechende Vorahnung bekommen. Es kann sein, dass sie den Hörer abnehmen, um einander zur gleichen Zeit anzurufen, oder dass sie dem anderen zur gleichen Zeit etwas zu sagen haben. Auch wenn das Leben Seelenverwandte voneinander trennt, werden diese immer auf eine spirituelle Art miteinander verbunden sein.

Immer wenn du mit deinem Seelenverwandten zusammen bist, bekommst du ein Gefühl der Sicherheit. Du fühlst dich geborgen und beschützt und du lässt deine Schutzbarrieren fallen. Das ist etwas, was ganz natürlich eintritt. Du bist seine oberste Priorität, und umgekehrt. Er kommt sofort zu dir, wenn du in Gefahr, krank bist oder dir etwas passiert ist. Auch als Frau bist du übermäßig beschützend gegenüber deinem Seelenverwandten. Du bist geneigt, ihn stets vor allem Unheil zu bewahren. Du willst nur das Beste für ihn und seine Sicherheit ist deine oberste Priorität. Dein Seelenverwandter würde die Position deines Schutzengels übernehmen, wenn er könnte. Er spielt niemals mit deinen Gefühlen und du nicht mit seinen.

Der Gedanke, dass er stirbt oder die Beziehung verlässt, bricht dir das Herz und ist für dich unvorstellbar. Du hast Angst davor, wie das Leben ohne ihn aussehen würde und kannst dir ein Leben ohne ihn gar nicht vorstellen. Ein Seelenverwandter ist niemand, von dem du dich einfach abwenden kannst. Das Leben mit ihm oder ihr ist alles, was du willst. Du glaubst, dass er es wert ist, zu kämpfen und gibst alles für ihn.

Du verlierst dich in seinen Augen, beim Blick in seine Seele. Seelenverwandte neigen dazu, sich beim Reden öfter in die Augen zu schauen als gewöhnliche Paare, was auf eine tiefe

Verbindung zueinander zurückzuführen ist. Selbst wenn ihr beide an den äußersten Enden eines Raumes steht, finden eure Augen stets einen Weg zueinander.

Unabhängig davon, welche Entscheidungen du für dich triffst, wichtig bleibt, dass dies aus freiem Willen geschieht. Dein Leben, deine Regeln und deine Entscheidungen liegen nur in deiner Hand.

Das Schöne an der Willensfreiheit ist, dass du dich jederzeit für oder gegen eine Beziehung entscheiden kannst. Die Verbindung mit deinem Seelenverwandten zu erleben, ist eines der wertvollsten Dinge im Leben. Dein Seelenverwandter ist zwar ein Teil von dir, aber er ist nicht deine zweite Hälfte, wie viele Menschen vielleicht glauben. Du bist auch ohne ihn vollständig, aber er bereichert und verbessert dein Wesen und das gilt natürlich auch umgekehrt.

Unabhängig von deinen Maßstäben gibt es sieben reale Persönlichkeitsmerkmale, die dein Seelenverwandter aufweisen muss, um die volle Macht eurer Beziehung zu gewährleisten. Wir haben gelernt, wie es ist, mit unseren Seelenverwandten zusammen zu sein und welche Eigenschaften eine Seelenverwandtschaft hat. Jetzt schauen wir uns an, welche Merkmale dieser Seelenverwandte mitbringen muss, damit ihr das volle Potenzial eurer Beziehung ausschöpfen könnt. Das ist ähnlich wie in einer Lebenspartnerschaft, in der du zustimmst, eine funktionierende Beziehung mit einem Menschen einzugehen, der dir Halt gibt. Du kannst durchaus über Schwächen hinwegsehen, wenn du dich in einen Menschen verliebt hast. Das ist bewundernswert, denn jeder

Mensch wäre froh, jemanden zu haben, der seine Fehler und Schwächen toleriert. Dennoch müssen wir auch die Prinzipien erkennen, die einen Partner zu einem Seelenverwandten machen - die Elemente, die eine Liebesbeziehung auf lange Sicht dahingehend stärken. Diese 7 Eigenschaften sind unabdingbar, um eine solche unglaubliche, lebenslange Partnerschaft zu ermöglichen:

Großzügigkeit
Großzügigkeit umfasst viele Dinge. Du musst ein großzügiger Mensch sein, um einen solchen Menschen anzuziehen. Nächstenliebe ist nicht nur Geben. Liebe ist herzlich, Liebe ist geduldig, Liebe ist niemals eifersüchtig. Großzügigkeit umfasst all das und noch mehr. Ein großzügiges Herz vergibt leicht.

Eine Eigenschaft, auf die du bei einem Seelenverwandten achten solltest, ist Großzügigkeit. Da es in einer Beziehung eine finanzielle Übereinstimmung geben muss, solltest du keine überzogenen Erwartungen haben, wie z.B. die Hoffnung, die Welt auf einem Silbertablett serviert zu bekommen. Dein Seelenverwandter oder Lebenspartner sollte dir jedoch bedingungslos helfen, wenn du in Not bist. Denke daran, dass sich Großzügigkeit nicht auf materielle Dinge beschränkt - dein Partner sollte großzügig mit Zeit, Freundlichkeit, Liebe, Hingabe und Hilfe umgehen. Wahre Nächstenliebe ist selten, also betrachte sie als eine goldene Tugend, die man in einem Menschen finden kann.

Großzügigkeit hilft auch deinem Sexualleben. Das ist ein großer Vorteil, wenn du ein erfüllendes Sexualleben genießen willst. Du solltest darauf achten, einen großzügigen Partner zu haben. Ein gutes Vorspiel beginnt bereits damit. Wenn du deinen Partner anmachst, indem du tust, was er mag, und nicht, was er deiner Meinung nach mögen sollte, bist du eine großzügige Liebhaberin. Wenn du deinen Partner wissen lässt, dass du befriedigt bist, wenn du seine Bemühungen anerkennst und bereit bist, seinen Fantasien zu lauschen und diese zu erforschen, bringt das Würze in eure Beziehung. Das ist nur durch Großzügigkeit möglich. Großzügigkeit ist nicht nur in der Beziehung wichtig, sondern in jedem Aspekt deines Lebens. Wärme zu geben und zu empfangen, sich gegenseitig das Leben zu erleichtern, einander zu verzeihen, deinen Partner sexuell zufrieden zu stellen und etliches mehr - all das erfordert ein großzügiges Herz. Für Menschen, denen es schwerfällt, aus ihren Gedanken auszubrechen, ist Großzügigkeit eine Fähigkeit, die dir Stress erspart, dich gesünder macht und dich länger leben lässt, weil du glücklich und gesegnet bist.

Emotionale Stabilität

Emotionale Stabilität ist eine bewundernswerte Eigenschaft. Ein emotional stabiler Mensch kann schwierigen Situationen widerstehen, mit Widrigkeiten umgehen und dabei leistungsfähig und produktiv bleiben. Emotional stabile Menschen verstehen, dass das, was passiert, nur ihr Äußeres und nicht ihr Inneres betrifft, deshalb geben sie dem Ungemach nicht nach. Eine emotional stabile Person ist eine Person, die sich an dich binden kann. Ein positives Zeichen für emotionale Stabilität gibt jemand, der sich regelmäßig an seine Verpflichtungen hält

Emotional stabile Männer können gut alleine arbeiten, aber auch als Teil eines Teams oder einer Gruppe Leistungen erbringen. Emotionale Stabilität ist auch eine hervorragende

Führungsqualität, denn sie hilft dir, eine ganzheitliche und ausgewogene Sichtweise auf die Probleme des Lebens zu entwickeln. Du kannst realitätsorientiertes Denken, Urteilsvermögen und die Fähigkeit, eine Situation zu bewerten, entwickeln.

Das Ziel einer jeden Beziehung ist es, eine stabile, liebevolle Bindung zu etablieren, die inneren Frieden bringt. Dein Partner sollte dich nicht emotional auslaugen. Strebe eine Beziehung mit einer Person an, die beständige Gefühle zeigt und nicht abrupt von wütend zu aufgeregt oder bedürftig zu distanziert springt. Ein solches Ungleichgewicht hält dich in einer emotionalen Achterbahn gefangen, die dich sowohl körperlich als auch seelisch beeinträchtigt. Das hast du nicht verdient! Du verdienst einen emotional stabilen Mann.

Entschlossenheit

Dies ist eine Eigenschaft, die neben der Willenskraft behandelt wurde. Ein Mann mit Entschlossenheit muss einen entschlossenen Geist haben. Das ist eine Eigenschaft, die dein Seelenverwandter oder Lebenspartner unbedingt haben muss - die Entschlossenheit, seinen Weg im Leben zu gehen, wird sich positiv auf eure Beziehung auswirken. Sie wird dich auch dazu motivieren, mehr zu geben. Individuelle Entschlossenheit gibt einen gesunden Rhythmus für die Beziehung vor, solange sich beide Partner gegenseitig anspornen. Sei mit jemandem zusammen, der sich um ein gutes Leben für euch beide bemüht und dich ermutigt, deine Bestimmung zu finden.

Ich sehe ständig Beziehungen, in denen ein Partner seine Karriere aufgibt, um sich den Wünschen des anderen anzupassen. Das führt mit der Zeit zu Frust und schwächt den Antrieb des Partners.

Empfindsamkeit

Ein unsensibler Partner ist niemand, mit dem du eine Beziehung führen möchtest, denn er kümmert sich nicht darum, was dir weh tut und wird nie auf deine Gefühle Rücksicht nehmen. Suche dir einen sensiblen Partner, d.h. jemanden, der mit der Welt um ihn herum im Einklang ist. Diese Männer sind einfühlsam und spüren die Bedürfnisse der Anderen intuitiv. Ein sensibler Partner hat eine unglaubliche Fähigkeit zuzuhören. Er hört dir zu und beachtet deine Bedürfnisse, Wünsche und Sorgen. Mit einem empfinsamen Partner erlebst du großes Einfühlungsvermögen, bemerkenswerte Intuition und ein besseres Verständnis für die Wünsche und Bedürfnisse des anderen. Du gibst ihm Sicherheit und du fühlst dich ebenso sicher und geborgen.

Hüte dich davor, dich mit einem Partner zu arrangieren, der deine Gefühle nicht einschätzen kann. Du wirst dich oft dabei ertappen, dass du ihm immer wieder die gleichen Dinge mitteilst - ohne Erfolg. Dir fällt auf, dass du dich über dieselben Dinge beschwerst. Diese Männer ändern sich nicht und nehmen auch deine Bedürfnisse und Gefühle nicht wahr. Eine der herausragenden Eigenschaften, die du in einem Partner finden kannst, ist jemand, der weiß, was du brauchst, bevor du überhaupt die Chance hast zu fragen.

Selbstfürsorge

Die Art und Weise, wie ein Mann sich selbst behandelt, spiegelt die Art und Weise wider, wie er dich behandeln wird. Verwechsle Selbstfürsorge nicht mit Egozentrik. Ein egozentrischer Mensch ist ein egoistischer Mensch. Er denkt nur an seine Bedürfnisse und Wünsche. Du kommst immer an zweiter Stelle nach ihm, seinen Bedürfnissen und manchmal auch nach seiner Familie.

Bei der Selbstfürsorge kümmerst du dich geistig und körperlich um dich selbst. Es bedeutet schlicht, sich selbst gegenüber liebevoll zu sein. Ein Mann, der sich um sich selbst kümmert, wird dir gegenüber präsent und liebevoll sein, weil er erfüllt ist und sich in einem vitalen Zustand befindet. Das kann dazu beitragen, die Bindung in eurer Beziehung zu stärken. Wenn der Mann, mit dem du zusammen sein willst, sich selbst zerstört, wie kannst du dann erwarten, dass er eine Beziehung zu dir aufbaut? Wenn er völlig sorglos mit seinem Zuhause, seinem Job, seinem Eigentum, seiner Gesundheit oder seinem Aussehen umgeht, wird er dir wahrscheinlich nicht die Aufmerksamkeit schenken können, die du verdienst. Suche nach jemandem, der verantwortungsvoll und behutsam mit sich selbst umgeht, damit er auch dir diese Gefühle entgegenbringen kann.

Bindung

Er ist bereit, sich zu binden. Dein Seelenverwandter bemerkt dich, liebt dich und will dich und ist daher bereit, alles zu tun, um dich ganz für sich zu haben. Jeder Mensch sehnt sich nach dauerhaften Beziehungen, die eine tiefe, erfüllende Bindung aufweisen - nicht nach romantischen Beziehungen, die schnell beginnen und noch schneller enden. Du solltest in der Lage sein, dich langfristig auf jemanden einlassen zu können, idealerweise einen Partner, der nicht nur eine Beziehung für den Rest seines Lebens aufrechterhalten will, sondern der auch weiß, welche Anstrengungen, Kompromisse und Opfer damit verbunden sind und der bereit ist, all das und noch mehr zu tun. Es ist allzu leicht, sich mit jemandem einzulassen, der aufgibt, wenn es schwierig wird. Doch es ist ein Zeichen dafür, dass du deinen Seelenverwandten getroffen hast, wenn du einem Partner begegnest, der nicht nur den Wunsch nach einer lebenslangen Bindung äußert, sondern seine Worte auch mit Taten untermauert, die dir zeigen, dass er dich will.

Paare müssen die gleichen Ziele, Ideen und Vorstellungen von der Zukunft haben, oder sie müssen sich auf eine gemeinsame Basis einigen, auf der sie ihre Ziele gemeinsam verfolgen. Es gibt Kernfaktoren, die Partner besprechen müssen, damit ihre Partnerschaft gedeihen kann. Falls seiner in einer schicken, modernen Wohnung ohne Kinder leben möchte und der andere in einem großen Haus mit einer eigenen Familie, wird die Beziehung nicht funktionieren.

Es gibt immer Raum für Kompromisse, aber beide Partner müssen die gleichen Ansichten über die Grundlagen des Lebens vertreten, damit eine Beziehung auf Dauer funktioniert. Beziehungen verändern sich im Laufe der Zeit, das ist unvermeidlich. Ein Partner entwickelt sich vielleicht anders als der andere. Wichtig ist jedoch, dass beide Partner weiterhin ein gemeinsames Bild von der Zukunft haben, auch wenn sich jeder langsam verändert. Solange sie sich gemeinsam verändern und miteinander wachsen, kann die Beziehung gedeihen. Den perfekten Ehepartner gibt es nicht. Dennoch gibt es bestimmte Eigenschaften und Elemente eines guten Ehepartners, die wir bei unserem Partner suchen müssen, um eine starke, verlässliche und harmonische Beziehung von hoher Qualität zu gewährleisten. Finde die Liebe mit diesen Prinzipien im Hinterkopf, um einen Menschen zu finden, der dein Seelenverwandter oder wenigstens der beste Lebenspartner aller Zeiten sein könnte.

Die Liebe verleiht jedem Aspekt deines Lebens einen Sinn. Egal, wie viele Errungenschaften oder Fähigkeiten du hast, ohne Liebe wirst du dich unerfüllt fühlen. Manchmal wird dir das erst bewusst, wenn die Liebe deinen Weg kreuzt. Liebe ist das, was das Leben lebenswert macht, egal ob sie von der Familie, von Freunden oder von einem Lebenspartner kommt.

Liebe hat Geduld. Liebe hat keine Eile. Die Liebe ist bereit, auf dich zu warten. Die Liebe ist bereit, dir den Vorteil des Zweifels zu gewähren. Wenn du heiratest, erkennst du, wie wichtig diese Eigenschaften der Liebe sind, und du wirst deutlich den Stellenwert der Liebe bemerken. Liebe bedeutet, andere so zu behandeln, wie du selbst behandelt werden möchtest. Es geht darum, die Interessen anderer über deine eigenen zu stellen. Es bedeutet sogar, andere so zu behandeln, dass es dich glücklich macht, ihnen Gutes zu tun. Liebe ist niemals neidisch. Wenn du neidisch oder begehrlich bist, bist du egoistisch. Liebe zelebriert das Gute in anderen. Liebe feiert deine Erfolge und Errungenschaften, anstatt neidisch zu sein.

Liebe ist nicht angeberisch. Ein Mensch mit Leidenschaft muss nicht jedem erzählen, wie toll sein Leben ist. Er begnügt sich damit, seine Ergebnisse für sich selbst sprechen zu lassen. Es geht nicht darum, die nächste Person in Verlegenheit zu bringen.

Liebe kennt keinen Stolz und betreibt keine Machtspiele. Sie ist bescheiden. Liebe drängt sich nicht auf. Liebe entschuldigt sich, wenn sie im Unrecht ist. Sie ist subtil, sanft und vermittelt ein Gefühl der Sicherheit. Liebe achtet auf deine Bedürfnisse und die der anderen. Liebe ist nicht unhöflich, unsensibel, harsch, oder respektlos. Liebe achtet darauf, weder dich noch andere Menschen zu verletzen.

Liebe ist nicht leicht zu verärgern. Sie ist verständnisvoll und versucht nicht, Situationen zu verschlimmern. Stattdessen versucht die Liebe, eine Lösung zu finden, wie die Dinge besser werden können. Liebe ist nicht nachtragend. Es ist anstrengend, jemanden zu lieben, der deine Fehler vorhält und vergibt, ohne zu vergessen. Wer liebt, reißt alte Wunden nicht wieder auf und hegt keinen Groll. Die Liebe freut sich über die Wahrheit. Sie hat keine Freude daran, Menschen ungerechterweise Lügen aufzutischen. Menschen mit Leidenschaft freuen sich, wenn die Wahrheit siegt, und sie haben keine Freude an irgendeiner Art von Übel.

Liebe schützt. Liebende Menschen beschützen diejenigen, die sich nicht selbst verteidigen können. Sie schützen die Interessen der Menschen, die ihnen am Herzen liegen. Liebe vertraut. Vertrauen ist die Grundlage einer liebevollen Beziehung, die es dir ermöglicht, dich auf jemanden zu verlassen und zu vertrauen. Liebe hofft - Liebe verliert niemals die Hoffnung für die Zukunft. Liebende Menschen haben Hoffnung für andere, die für sich selbst keine Hoffnung haben. Sie wünschen sich das Beste für andere.

Liebe zeigt Durchhaltevermögen. Liebe ist unerschütterlich. Liebe lässt sich nicht entmutigen. Liebe gibt nicht auf. Menschen, die wirklich lieben, laufen nicht weg, wenn es kompliziert wird. Sie sind für die lange Strecke dabei. Die Liebe versagt nie. Die Liebe wird am Ende immer siegen. Die Liebe ist eine der wichtigsten Mächte der Erde. Von allen Eigenschaften, die du im Leben haben kannst, allen Errungenschaften, die du haben wirst, ist die Liebe die größte von allen. Eine liebevolle Person kann nur mit einer anderen liebevollen Person zusammen sein, um eine begehrenswerte Beziehung zu ermöglichen - eine Beziehung, die den Test der Zeit bestehen wird. Eine Beziehung, die beiden Parteien Freude und Frieden bringt und jeden ermutigt, zu wachsen und die beste Version ihrer selbst zu sein. Verschwende deine Zeit nicht mit Menschen, die dir nur deine Energie rauben und dich im Stich lassen werden.

My-mindguide.com

Helper

Perpetrator

Victim

The Beauty of Forgiveness
and Selfforgivness is to reconnect
and start being a Helper

Kapitel elf

VERSCHWENDE NICHT DEINE ZEIT

Real-Life-Dating ist wie ein Dschungel. Camilla und viele andere Frauen da draußen haben ihren Teil des Herzschmerzes abbekommen, und ich möchte vor allem Camilla dazu ermutigen, es auf andere Weise zu versuchen und die Dinge umzusetzen, die in diesem Buch behandelt wurden.

Es gibt fraglos Erfolge beim Online-Dating zu verzeichnen. 13% der Nutzer gaben an, dass sie sich durch Online-Dating verlobt oder verheiratet haben. Vor diesem Hintergrund ist es besonders wichtig, dass du deine Zeit nicht verschwendest. Befolge die unten zusammengefassten Tipps, um sicherzustellen, dass du deine Energie in eine fruchtbare Beziehung steckst und dich in der Online-Dating-Welt behaupten kannst - indem du Männer meidest, die deine Zeit und Mühe nicht wert sind!

Wenn du etwas Ernstes willst, dann stelle es von Anfang an klar! Spiel keine Spielchen und lass dich nicht an der Nase herumführen.
Schreib es in dein Profil, oder sage direkt, was du willst und was du brauchst, aber gehe keine Kompromisse diesbezüglich ein.

Ein Mann, der sich von einer zielstrebigen Frau abschrecken lässt, die klar sagt, dass sie eine ernsthafte Beziehung will, ist niemand, mit dem du eine Beziehung eingehen willst.

Sei gewiss, dass du auf lange Sicht so viel Zeit sparen wirst. Viele Männer bei Dating-Apps sind nur auf der Suche nach zwanglosen Bekanntschaften. Nur 42 % der Menschen auf Online-Dating-Plattformen streben eine Ehe an. Was bringt es, sich mit jemandem zu verabreden, der sich nicht sicher ist, ob er eine feste Beziehung will? Wenn du etwas Ernstes willst, verschwende keine Zeit und kläre es von Anfang an.

Verabrede dich nie mit jemandem, der kein richtiges Profil hat. Das ist selbsterklärend. Vielleicht bist du geneigt, zu denken: *Was ist, wenn er einfach nicht viel Zeit mit diesen Apps verbringt?* Erfinde keine Ausreden! Jemand, der sich nicht um seine Biografie kümmert, wird sich auch nicht um euer Gespräch kümmern. Er ist nur darauf aus, deine Zeit zu verschwenden. Oder er ist von seinem Aussehen so überzeugt, dass er glaubt, dieses könne eine nicht vorhandene Persönlichkeit ersetzen. Beide Szenarien sind nicht besonders wünschenswert. Wenn er sich nicht die Mühe gemacht hat, etwas zu schreiben, ist er nicht auf der Suche nach etwas Bedeutendem.

Akzeptiere nur Kandidaten, zu denen du dich wirklich hingezogen fühlst - Menschen, zu denen du eine Verbindung spürst.
Wenn du dir sein Profil ansiehst und länger als 30 Sekunden überlegst, ob du nach rechts wischen sollst oder nicht, dann ist er nichts für dich. Es macht keinen Sinn, jemanden zu wählen, zu dem du dich nicht sofort hingezogen fühlst, denn selbst bei

einem Match wirst du ihm wahrscheinlich keine Nachricht schicken oder antworten.

Du musst sowohl sein Aussehen als auch seine Biografie berücksichtigen. Hat er etwas Interessantes geschrieben? Oder einen guten Sinn für Humor? Wirkt er wie jemand, der Charakter und Persönlichkeit hat? Welche sind die Werte, die du aus diesem Profil ablesen kannst? Welches Wort kommt dir in den Sinn, wenn du dieses Profil siehst? Wenn du aus irgendeinem Grund zögerst, vergiss ihn. Es geht um Qualität, nicht um Quantität.

Schreibe zuerst

Zuerst eine Nachricht zu schicken, ist keine schlechte Sache. Wenn du nicht bereit bist, den ersten Schritt zu machen, hast du kein Recht, dich darüber zu beschweren, dass du Single bist. Wir leben im Jahr 2022 und damit in einer Zeit, in der eine Frau einen Mann ansprechen kann, ohne ein Stigma zu haben. Frauen sind freier geworden, was ihre sexuellen Bedürfnisse, ihr Leben und ihre Wünsche angeht. Deshalb wird dich auch niemand verteufeln, weil du dem Mann zuerst eine Nachricht geschickt hast. Der Trick ist, nicht zu viel darüber nachzudenken. Du hast jemanden gefunden, was bedeutet, dass er dich attraktiv findet, also lasse deine Unsicherheit beiseite und sende eine tolle Nachricht, die ihn fesselt. Sei kreativ!

Sorge für einen spannenden Gesprächseinstieg!

Menschen, die auf Dating-Apps eintönige Gespräche führen, werden dessen irgendwann überdrüssig. Wenn es darum geht, eine Verbindung herzustellen, sind Einzeiler wenig zielführend.

Kitschige Anmachsprüche können ein abschreckend sein, aber sie geben einer Frau wenigstens etwas, worauf sie antworten kann! Die besten Nachrichten, die du erhältst, sind Fragen, bei denen du zeigen kannst, was für ein Mensch du bist, wenn du antwortest. Was ist die beste Eröffnung die du von jemandem erhalten hast? Verwende etwas Ähnliches, um deine Gespräche zu beginnen!

Verabrede dich lieber früher als später
Verschwende nicht Wochen oder Monate deines Lebens damit, mit Männern online zu flirten, nur um sie dann nie im echten Leben zu treffen.

Jeder hat schon einmal die Enttäuschung erlebt, dass ein Gespräch mit einem tollen Menschen im Sande verlaufen ist, weil man nie die Gelegenheit hatte, sich persönlich zu treffen und die Verbindung zu vertiefen. Wenn du dich mit jemandem online verbunden fühlst, ist es nur natürlich, dass du diese Verbindung durch ein persönliches Treffen noch verstärken möchtest. Ich habe schon vor vielen Jahren erkannt, dass es besser ist, sich mit jemandem zu treffen, an dem man interessiert ist, um zu sehen, was passiert. Wenn du jemanden zu lange anschreibst, läufst du Gefahr, dich emotional zu engagieren und enttäuscht zu sein, wenn ihr euch endlich trefft und feststellt, dass etwas fehlt. Jemanden um ein Date zu bitten, kann schwierig sein, wenn du es noch nie getan hast, aber wenn du dich einmal überwunden hast, wirst du feststellen, dass es ganz einfach ist! Die Macht liegt in deinen Händen, und du bestimmst das Tempo.

Geh zu einem echten Date auf neutralem Boden
Einen Mann, den du im Internet kennengelernt hast, zu dir nach Hause einzuladen, ist vielleicht nicht der richtige Schritt.

Bei einem ersten Date zu ihm nach Hause zu gehen, ist vielleicht auch nicht das Richtige. Wenn du beim ersten Date Sex haben willst, dann auf jeden Fall... Falls du aber nicht darauf aus bist, dann solltest du darauf achten, dass deine Entscheidungen nicht so wirken, als ob du dazu bereit wärst.

Wenn du auf der Suche nach einer ernsthaften Beziehung bist, ist es besser, ein richtiges Date für euer erstes Treffen zu organisieren. So kannst du ins Gespräch kommen und ihn besser kennen lernen. Es ist auch nicht sicher, einen Fremden, den du zum ersten Mal triffst, in deine Wohnung zu lassen. Achte darauf, dass dein Date an einem öffentlichen Ort stattfindet und melde dich vorher und nachher bei einem Freund ab. Gib jemandem Zugang zu deinem Aufenthaltsort. Falls du irgendwelche Unregelmäßigkeiten bemerkst, kontaktiere jemanden. Am wichtigsten ist, dass du auf deine Intuition vertraust!

Gib dir auch bei deiner Biografie Mühe! Achte darauf, dass du deine Werte auf den Punkt bringst und sagst, was du erwartest

Viele attraktive Frauen auf Tinder verlassen sich allein auf ihr Aussehen und haben Erwartungen, die sich nicht in ihrem Profil widerspiegeln. Es gibt nicht nur attraktive Frauen auf Tinder, sondern auch solche, die zudem intelligent sind und mit schönen Profilen und Biografien punkten können, die einen Mann neugierig machen. Wenn du dich also nur auf dein Aussehen verlässt, wirst du dich nicht von der Masse abheben können.

Abgesehen davon: Würdest du dich überhaupt mit jemandem verabreden wollen, der nur an deinem Aussehen interessiert ist? Es ist besser zu wissen, dass du etwas mit ihm gemeinsam hast - eine Verbindung, auf die du aufbauen kannst. So hast du eine bessere Chance, schon vor eurem ersten Treffen eine Verbindung aufzubauen.

Wähle realistische Fotos und lass die Finger von Filtern. Achte außerdem auf die gleiche Qualität der Profile der Männer

Filter haben auf Dating-Profilen nichts zu suchen, denn sie entfernen vermeintliche Makel, glätten deine Haut, bieten eine Nasenkorrektur, Lippenauffüller oder einen Gewichtsverlust von zwei Kilo mit nur einem Fingertipp. Heb dir die Filter für Facebook und Instagram auf. Du wirst dich selbstbewusster fühlen, wenn du jemanden kennenlernst, der weiß, dass die Fotos, die er oder sie gesehen hat, dein Aussehen im wirklichen Leben genau wiedergeben.

Glaub mir: Du willst einem Mann keine solchen Fotos schicken, denn wenn ihr euch persönlich trefft, könnte er schockiert feststellen, dass du gar nicht so aussiehst, wie du dich dargestellt hast, was ihn skeptisch gegenüber dir machen könnte.

Sei selbstsicher!

Ignoriere keine Warnsignale, denn das wird in einem Fiasko enden. Angenommen, ein Mann fragt dich nach Nacktfotos, bevor ihr euch überhaupt getroffen habt. Er schreibt dir tagelang keine Nachricht und antwortet dir dann, als ob nichts Besonderes vorgefallen wäre. Er will keine Verpflichtung irgendeiner Art. Er will nicht heiraten oder Kinder haben, du aber schon. Er legt keinen Wert auf Familie. Er will nur über Sex reden und über nichts anderes. Er investiert nicht in deine Zukunft.

Ihm fehlt es an Leidenschaft; er interessiert sich nicht für dich und spricht nicht über seine Träume. Er hat kein Talent und es fehlt ihm an Willenskraft. Er hat schlechte Angewohnheiten, trinkt, flucht und ist weder höflich noch nett. Warnsignale unterscheiden sich von Person zu Person, je nach ihren Werten. Wenn du weißt, worauf du achten musst, kannst du Warnsignale von Anfang an erkennen.

Die meisten Männer geben sich heutzutage damit zufrieden, unterdurchschnittlich zu sein. Gib dich nicht mit solchen Männern zufrieden! Du verdienst das Beste, weil du das Beste verkörperst! Du bist einzigartig, und es wäre verheerend, wenn du dich mit weniger zufrieden geben würdest.

Bestimme bewusst das Tempo deines Dating-Lebens und beobachte, wie sich die ganze Situation für dich zum Positiven wendet. Du willst zwar keine Warnzeichen ignorieren, aber du willst auch nicht so pingelig, wählerisch und pedantisch sein, dass du jeden Mann, der nicht deiner Vorstellung vom perfekten Partner entspricht, sofort ausschließt.

Trotzdem hat jeder Mensch seine Schwachstellen, und es ist wichtig zu wissen, welche deine sind. Wenn du dich selbst kennst, weißt du, welche Kompromisse du nicht eingehen willst, was für dich ein rotes Tuch ist und wofür du bereit bist, kompromisse einzugehen. Sei streng mit dir selbst und bewahre dir deine Handlungsfähigkeit!

Und nicht vergessen:
- Sei ehrlich und aufrichtig.
- Erzähle keine Lügen.

- Verschwende deine Zeit nicht mit Blendern.
- Falls der Mann verheiratet ist, blockiere ihn und triff eine Entscheidung, die auf deinen Werten basiert.
- Halte die Dinge offen und unverfälscht.

Kapitel Zwölf

DAS HAPPY END

In diesem Kapitel statte ich dich mit Erfolgsgeschichten aus der Online-Dating-Welt aus, damit du erkennst, dass es möglich ist, dort die große Liebe zu finden - und dass es Hoffnung für dich gibt, wenn du deine Strategie anpasst.

Unsere erste Geschichte ist die Geschichte von Anna. Sie hat einen Typen im realen Leben kennengelernt, den sie später auf Tinder wiedergetroffen hat.

Anna besuchte im Dezember 2020 ein Konzert, eine Musikshow mit allen möglichen Künstlern. Während der Show kam ein seltsamer Typ auf sie zu und bewies mit seinen Worten Humor. Sie konnte sich nicht mehr genau erinnern, was er im Detail sagte, aber sie weiß noch, dass er sie mehr zum Lachen gebracht hat, als jemals jemand zuvor. Sie erwiderte, er sei der interessanteste Kerl hier. Kurze Zeit später gesellte er sich neben sie. Sie erklärte, dass sie sich nach der Show gerne noch mit ihm unterhalten würde, aber das aufgrund der Ausgangssperre durch Covid-19 unmöglich wäre. Zudem fände sie es seltsam, einfach zurückzubleiben und zu plaudern, also ging sie. Ein paar Monate später, als sie sich bei Tinder anmeldete, trafen sie ihn erneut! Sie erkannte ihn sofort und war begeistert, als er sie zum Essen einlud. Sie gab an, dass sie sich sofort gut verstanden und vor kurzem, am 1. Januar, ihren ersten Jahrestag gefeiert haben.

Vor ein paar Jahren nahm Martha das Handy ihrer Freundin, schloss sich in ihrem Badezimmer ein und meldete sie bei Tinder an. Noch in derselben Nacht wischte sie durch die Profile und stieß schließlich auf ein Profil, das ihrer Freundin gewiss gefallen würde, also stellte sie Kontakt her - zu ihrem jetzigen Verlobten! Die Beiden werden im Oktober diesen Jahres heiraten.

Dies ist die Geschichte von meinem Freund Martin. Als er nach so vielen Jahren wieder in die Dating-Welt zurückkehrte, beschloss er, das Online-Dating auszuprobieren. Er war sich nicht ganz sicher, wie sich Männer auf diesen Plattformen verhalten sollten, also erstellte er einen gefakten Damen-Account, um die Sache anzutesten. Nachdem er einige Tricks von anderen Männern gelernt hatte, erstellte er sein eigenes reales Konto und begann zu swipen. Inzwischen ist er mit einer hübschen Frau liiert, die er dort kennengelernt hat.

Francisca erlebte eine missbräuchliche Beziehung mit einem Mann, den sie im realen Leben kennengelernt hatte. Nachdem sie sich nach 7 Jahren von ihrem Freund getrennt hatte, beschloss sie, sich bei Bumble anzumelden. Sie fühlte sich bei Bumble sofort wohl, weil sie dort nach einem Treffer die Initiative ergreifen konnte.

Sie stieß auf etliche Profile, auf denen die Männer angaben: *Wische nicht nach rechts und schick mir ein bloßes Hey!* Also wartete sie, bis sie auf ein Profil stieß, das ihr wirklich gefiel. Sie wischte nach rechts und erhielt ein Match.

Sie verfasste sofort eine nette Nachricht und schickte sie ihm, woraufhin er schmunzeln musste, weil diese lustig und authentisch war. Es stellte sich heraus, dass beide in der gleichen Stadt wohnten. Er fragte sie, ob sie nicht mal ein Eis mit ihm essen gehen wolle und sie stimmte zu. Die beiden sind nun seit zwei Jahren zusammen und werden im September heiraten.

Margaret hat ihren Mann vor vier Jahren auf einer Dating-Website kennengelernt und sie würde auch heute nichts anders machen. Als sie über das Profil ihres Mannes stolperte, fand sie ihn sofort attraktiv. Also meldete sie sich mit einem witzigen Statement, für dessen Erstellung sie ziemlich lange brauchte. Er hat sofort geantwortet - doch das Beste an ihrer Geschichte war, dass er seit über vier Monaten nicht mehr auf seinem Online-Profil aktiv gewesen war und extra an diesem Tag zurückkehrte, um sein Konto zu löschen. Als er ihre Nachricht sah, beschloss er, zurückzuschreiben. Nachdem er ihr eine Nachricht geschickt hatte, setzten sie ihr Gespräch auf WhatsApp fort. Er erzählte, dass er sich mit uninteressanten Frauen getroffen hatte, die nicht zu ihm passten, doch als er ihre Nachricht sah, beschloss er, zu handeln und so kamen sie zusammen und heirateten später. Das nenne ich Schicksal!

Fresh wurde von ihrem betrügerischen Ex schwer verletzt, aber nach ein paar Monaten der Heilung und dem Versuch, ihr Leben zu ordnen, bemerkte sie, dass sie zu ungesund gelebt hatte und dies tat, um ihre Erlebnisse zu verarbeiten. Schließlich überzeugte sie sich selbst davon, dass sie bereit war, wieder auf die Suche nach der Liebe zu gehen. Ihre Freundin half ihr, ein Bumble-Profil einzurichten und es dauerte nicht lang, bis sie einen gutaussehenden Fremden kennenlernte. Glücklicherweise besuchte er die gleiche Schule wie sie, auch wenn sie sich nicht an ihn erinnern konnte. So hatten sie von Anfang an etwas, das sie miteinander verband.

Er fragte sie schließlich, ob sie mit ihm ausgehen wolle und sie stimmte zu. Zwar leben die Beiden in verschiedenen Städten, aber er ist gewillt, die Dinge ins Rollen zu bringen, und sie schätzt seine Bemühungen. Sie könnte nicht glücklicher sein und sagt, sie sei sich keineswegs unsicher, ob er sie betrüge, da sie sich bei ihm geborgen fühle. Sie hat mittlerweile all ihre ungesunden Gewohnheiten abgelegt und lebt nun ein vitales und glückliches Leben, da sie einen Grund hat, an sich zu arbeiten. Das Paar ist inzwischen seit zwei Jahren zusammen und haben beste Aussichten für die Zukunft.

Flora hat ihren Freund Daniel im November 2017 auf Tinder kennengelernt. Nachdem sie wochenlang miteinander chatteten hatte er Angst, sich real zu treffen, da die Chemie zwischen ihnen online so unglaublich gut passte. Schließlich bekamen sie die Gelegenheit, in ihrem Lieblingslokal zusammen etwas zu trinken. Sie verstanden sich auf Anhieb und später, im Jahr 2020, machte er ihr einen Heiratsantrag. Nun leben sie zusammen, ganz in der Nähe des Ortes, an dem sie sich zum ersten Mal, im Beisein ihrer beiden Katzen Iris und Gray, getroffen haben. Obwohl sie mit Daniel verheiratet ist, gibt sie an, dass er in ihrem Handy „Daniel T" bleibt, da das T für Tinder steht. Sie ist der App dankbar für ihn.

Nach ihrer Scheidung im Jahr 2018 meldete sich Jessica bei einigen Dating-Seiten an: Match.com, Tinder und Bumble. In etwas mehr als zwei Jahren traf sie 30 Männer, mit mehr oder weniger befriedigenden Resultaten. Die ganze Zeit über hatte sie ihre Altersspanne auf 30 bis 60 Jahre festgelegt. Jessicas letztes Date war 59 Jahre alt. Beide verstanden sich auf Anhieb, und das war auch gut so, denn er hatte ein paar Tagen darauf seinen 60. Geburtstag. Sie sind noch immer ein Paar und schwer verliebt. Ursprünglich meldete sie sich aus Spaß an und primär, um über ihre Scheidung hinwegzukommen, doch jetzt sieht sie eine Zukunft mit Mike, dem Mann, den sie auf Tinder kennengelernt hat. Die beiden planen, diesen Sommer zusammenzuziehen.

FAZIT

Obwohl Online-Dating anfangs herausfordernd sein kann, stehen deine Chancen, die große Liebe zu finden, gar nicht so schlecht. Ich hoffe, dass dieses Buch dir dazu dienen kann, durch das Fahrwasser zu navigieren und dabei ans Ziel zu gelangen. Ich hoffe auch, dass du nach dem Lesen dieser Seiten dafür gewappnet bist, auf die Suche nach deinem Traummann zu gehen, ohne verletzt zu werden.

Ich hoffe, du hast ein Gefühl dafür entwickeln können, warum du eigentlich mit Online-Dating dein Glück probierst und darüber hinaus ein tieferes Selbstverständnis entwickeln konntest. Vielleicht bist du jetzt zuversichtlicher, dass du das Glück, das du suchst, auch erfolgreich aufspüren kannst. Du hast nun eine Vorstellung davon, was du tun musst, um beim Online-Dating erfolgreich zu sein.

Entscheidend wird sein, dass du das, was du in diesem Buch gelernt hast, umzusetzen bereit bist. Setze all die zahlreichen Dating-Tipps, -Strategien und -Kniffe ein, die du in diesem Buch findest, um und experimentiere mit ihnen. Zweifellos wirst du dabei lernen, Dating-Apps optimal zu nutzen, um den richtigen Mann für dich zu finden - und idealerweise im Zuge dessen auch deinen Seelenverwandten, Lebenspartner und Ehegatten der Zukunft. Ich wünsche dir viel Erfolg!

Danke, dass du dieses Buch gelesen und dich mit mir auf diese Reise durch die spannende Welt des Online-Datings begeben hast! An dieser Stelle bleibt mir nur noch, dir viel Glück zu wünschen! Ich hoffe, bald von deinen Erfolgen zu hören.

Falls dir dieser Titel gefallen hat und du gerne über andere Themen lesen möchtest, die mein Leben verändert haben, dann schau dir meine neuen Bücher auf Amazon oder meiner Website an: www.my-mindguide.com.

Lass uns doch auch über die sozialen Medien in Verbindung bleiben! Bitte schreibe mir auf Facebook oder Instagram und bleibe auf dem Laufenden! Du kannst deine Gedanken auch gerne direkt mit mir teilen, via: gassner@my-mindguide.com. Im Gegenzug schicke ich dir eine wunderschöne Infografik, die du ausschneiden und einrahmen kannst.

Bitte hinterlasse auch eine Rezension auf Amazon, denn damit kann ich ein noch größeres Publikum erreichen. Vielen Dank für deine Zeit, dein Interesse und deinen unermüdlichen Wissensdurst!

Ich möchte mich bei all meinen Kollegen, Kunden, Freunden und Familienmitgliedern bedanken, die alle zu dem beigetragen haben, der ich heute bin.

Ich möchte ganz besonders Gabriel Palacios danken, einem Schweizer Bestsellerautor, und dem König der Hypnotherapie. Er hat einem alten Fuchs neue Tricks beigebracht und mich tief in das Geheimnis der Hypnotherapie eintauchen lassen. Ich habe auf dieser Reise so unschätzbar viel gelernt, dass ich nun selbst ein zertifizierter Hypnotherapeut und Gesprächscoach bin!

Außerdem möchte ich mich bei den fantastischen Lehrern von SAMYANA/Bali bedanken, die mich zu einem zertifizierten Yoga- und Meditationslehrer ausgebildet haben!

Nicht zuletzt gilt mein besonderer Dank meinem Meister Eckhard Wunderle, der für mich fast wie ein Heiliger ist. Er hat mich in die Welt der Meditation eingeführt und mich all die Wunder entdecken lassen, die diese zu bieten hat. Ich könnte nicht stolzer sein, dass ich mein Meditationscoach-Zertifikat direkt von ihm am Institut für Spirituelle Psychologie erhalten habe.

Frieden, Liebe und Glück für euch alle - bis zum nächsten Mal!

ÜBER DEN AUTOR

Kurt Friedrich Gassner ist ein österreichischer Selbsthilfeautor, der seine Leserinnen und Leser dazu befähigt, die Feinheiten des Unterbewusstseins besser zu verstehen. Durch seine Erfahrungen und sein umfangreiches Wissen über die neuesten psychologischen Erkenntnisse hilft er den Menschen, ihr volles Potenzial zu entfalten. Was damit begann, dass er im Alter von 14 Jahren für Gleichaltrige im Austausch für Zeichnungen schrieb und später als professioneller Werbetexter arbeitete, machte ihn schließlich zum Creative Director mehrerer internationaler Agenturen und zum Autor zahlreicher Selbsthilfebücher.

Das Schreiben ist jedoch nicht die einzige Leidenschaft dieses umtriebigen Unternehmergeistes: Kurt ist zudem Seriengründer (My Mind Guide und Trendguide Capital, um nur einige zu nennen) sowie Business Angel und verfügt über vier Jahrzehnte Erfahrung in der globalen Werbe- und Markenberatung. So hat er zahlreiche Auszeichnungen in den Bereichen Creative Directing, Direktmarketing und Coaching erhalten und wurde zum Selfmade-Millionär. Während des globalen Lockdowns nutzte er seine freie Zeit, um sich in

Sachen Hypnotherapie zu vertiefen und ist jetzt ein lizenzierter Hypnotherapeut, Yogalehrer und Meditationslehrer.

Wenn er nicht gerade seine Geschäfte führt, Führungskräfte berät oder über das Unterbewusstsein schreibt, kannst du diesen Weltenbummler auf Reisen, beim Golfen, Radfahren in den Alpen, in der Oper oder beim Wandern antreffen. Darüber hinaus ist er stolzer Vater von zwei erfolgreichen Kindern und seit 37 Jahren glücklich mit seiner fantastischen Ehefrau verheiratet. Zurzeit verbringt er seine Zeit zwischen München und Kirchberg in Österreich.

In seinem Leben mit unzähligen Höhen und Tiefen hat Kurt Friedrich Gassner unnachgiebig nach dem folgenden Motto gelebt: *„Niemals aufhören! Das Beste kommt erst noch...."* Durch seine unerschütterliche Entschlossenheit und Beharrlichkeit hat er ein Leben in persönlichem Wohlstand geführt und dabei unzählige unschätzbare Lektionen gelernt. Für ihn ist ein Leben, in dem er sein Wissen nicht mit anderen teilt, kein erfülltes Leben. Deshalb schreibt er Bücher, um etwas zurückzugeben und die Welt zu einem besseren Ort zu machen. Zu seinen Veröffentlichungen gehören *The Power of Forgiveness, Lie or Die, Soul-Match, Can You Inherit a Poisoned Mind?* und *The Power of Poverty.* Als er 30 Jahre alt war, schrieb er einen Kinderbuch-Bestseller, der sich über eine Million Mal verkaufte und in deutschsprachigen Kindergärten genutzt wurde. Mehr als ein Dutzend weiterer Bücher zum Thema Psychologie sind derzeit in Arbeit. Besuche Kurts offizielle Website, um deine innere Kraft zu entfesseln und sie für dein Wohl zu nutzen: [**www.my-mindguide.com**]

SELF-EMPOWERMENT BOOKS

SELF-EMPOWERMENT BOOKS

SELF-EMPOWERMENT BOOKS

SELF-EMPOWERMENT BOOKS

SELF-EMPOWERMENT BOOKS

SELF-EMPOWERMENT BOOKS

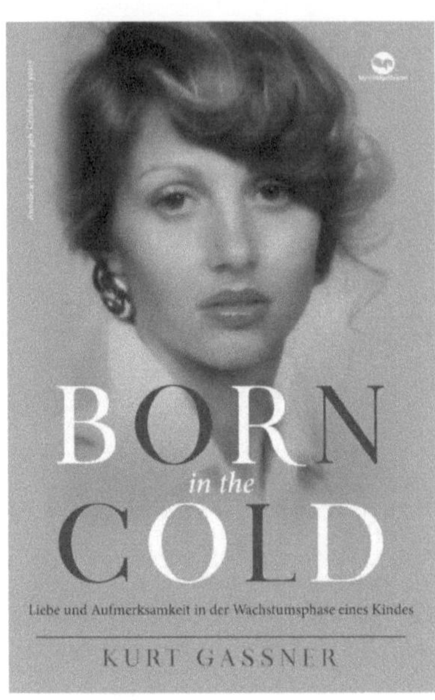

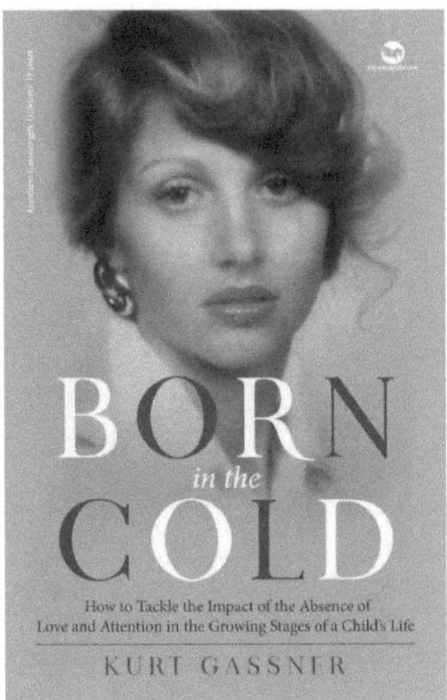

CHILDREN BOOKS

SELF-EMPOWERMENT BOOKS

SELF-EMPOWERMENT BOOKS

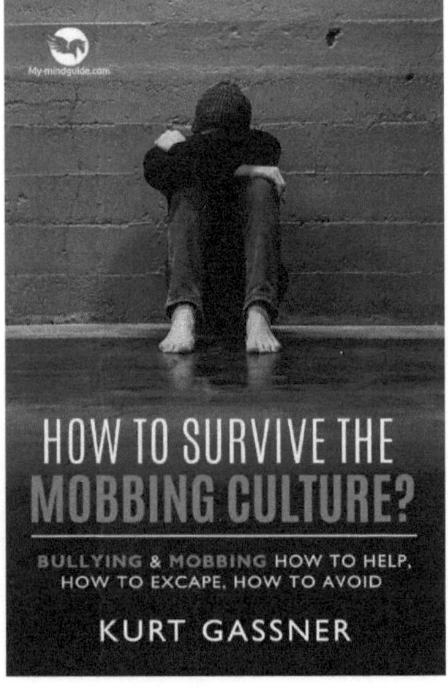

SELF-EMPOWERMENT BOOKS

MINDFUL BUSINESS BOOKS

MINDFUL BUSINESS BOOKS

MINDFUL BUSINESS BOOKS

MINDFUL BUSINESS BOOKS

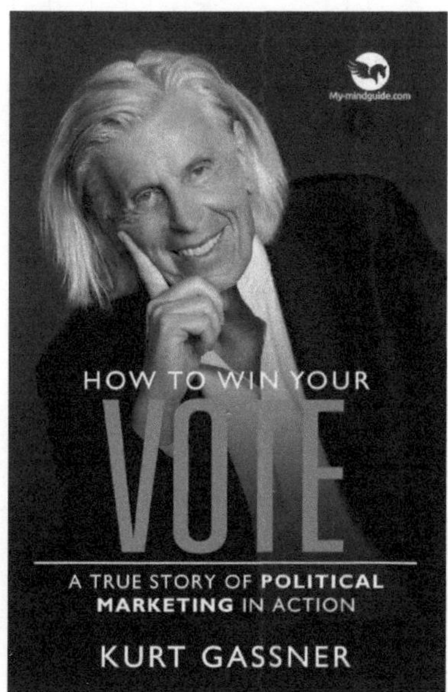

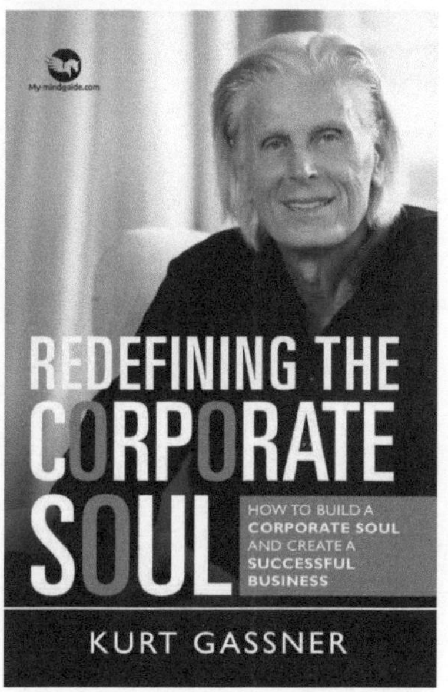

BESTSELLING AUTHOR OF
The Art Of FORGIVNESS
AMAZON #1 BESTSELLER
My-mindguide.com
A practical guide for self healing and overcome past traumas
The Art Of FORGIVNESS
KURT GASSNER